Md. Mainur Rahman Tarafder

Algoritmo Heurístico para Interfaceamento de Dispositivos com o Microcontrolador 8031

Md. Mainur Rahman Tarafder

Algoritmo Heurístico para Interfaceamento de Dispositivos com o Microcontrolador 8031

ScienciaScripts

Cover image: www.ingimage.com

This book is a translation from the original published under ISBN 978-613-4-90124-6.

Publisher:
Sciencia Scripts
is a trademark of
Dodo Books Indian Ocean Ltd. and OmniScriptum S.R.L publishing group

120 High Road, East Finchley, London, N2 9ED, United Kingdom
Str. Armeneasca 28/1, office 1, Chisinau MD-2012, Republic of Moldova, Europe
Printed at: see last page
ISBN: 978-620-8-08477-6

Índice

Declaração do candidato

Declara-se que este projeto ou qualquer parte dele não foi apresentado noutro local para a atribuição de qualquer grau ou diploma.

Md. Mainur Rahman Tarafder

Dedicado

para

Os meus pais

Capítulo 1

INTRODUÇÃO

1.1 Visão geral

O objetivo deste projeto é desenvolver um Kit Educativo (EduKit) para professores e alunos de diferentes disciplinas de ciências e engenharia. O EduKit baseia-se em módulos em que o controlador se encontra no módulo principal ou placa-mãe e cada um dos outros módulos ou placas-filhas está relacionado com vários tipos de aplicações de engenharia. A placa-mãe e a placa-filha podem ser facilmente ligadas para executar uma aplicação específica. Ajudá-los-á a familiarizarem-se e a programarem facilmente um microcontrolador, tornando-os capazes de desenvolver uma aplicação no mundo real. Também ajudará as pessoas das indústrias e das organizações de investigação a desenvolver protótipos das suas aplicações baseadas em microcontroladores de forma fácil e rápida. Aqui descrevemos as direcções pretendidas e os resultados projectados [1].

1.2 Antecedentes e situação atual do problema

Atualmente, o microcontrolador (MCU) está a ser amplamente utilizado em quase todos os domínios da ciência e da engenharia. O conhecimento do MCU, que outrora era monopólio dos engenheiros eléctricos e electrónicos, é agora uma exigência para as pessoas de todas as disciplinas científicas e de engenharia. É também requisito da ABET que os estudantes de engenharia demonstrem conhecimentos de aquisição, processamento e controlo de dados, nos quais a utilização de computadores e microcontroladores é essencial [1]. Por conseguinte, está a ser introduzido em diferentes universidades, faculdades e escolas um forte currículo em torno dos MCU em vários níveis de ensino [2-3]. Para uma implementação bem sucedida dos cursos de MCU em todos os níveis de ensino necessários, é essencial dispor de EduKits adequados para o ensino e a aprendizagem da programação de microcontroladores, bem como para o desenvolvimento de aplicações em tempo real [4-5]. Estão disponíveis no mercado diferentes tipos de ferramentas de formação para o ensino e a aprendizagem de microcontroladores, provenientes de diferentes empresas de fabrico de microcontroladores, bem como de empresas terceiras [6]. Por exemplo: Motorolla, Intel, microchip, Zilog, Atmel etc. oferecem placas de formação de microcontroladores com diferentes caraterísticas. Os componentes são montados numa PCB (placa de circuito impresso) de grandes dimensões. Os principiantes em microcontroladores podem facilmente entrar em pânico e ficar desiludidos com a presença de muitos componentes numa única placa de circuito impresso [7]. Por isso, há um campo de investigação para desenvolver placas educativas de microcontroladores com as seguintes caraterísticas (i) levar os estudantes desde os princípios básicos até à prática da programação de microcontroladores (ii) torná-los adequados para pessoas de diferentes disciplinas da ciência e da engenharia. O utilizador pode selecionar e comprar as placas filhas de aplicação com base nos seus antecedentes e capacidades; (iii) torná-las simples e acessíveis a baixo custo.

1.3 Objetivo com metas específicas e possíveis resultados

O objetivo do projeto é desenvolver um Edukit baseado em módulos para o ensino de microcontroladores.

O trabalho do projeto centrar-se-á nos seguintes objectivos:

1. Desenvolver uma placa-mãe para os EduKits utilizando um microcontrolador de arquitetura 8031.
2. Desenvolver uma série de placas-filhas para desenvolver diferentes aplicações.
3. Desenvolver um quadro simples para efeitos de prática de conceção.

1.4 Organização do projeto

O capítulo 1 do presente relatório descreve a visão geral deste projeto. Os fundamentos deste projeto são descritos no Capítulo 2. O Capítulo 3 do presente relatório descreve a metodologia proposta para a implementação deste projeto. O Capítulo 4 descreve a utilização da placa-mãe e da placa-filha e ilustra os resultados experimentais do sistema proposto. No Capítulo 5 são apresentadas as conclusões e recomendações para trabalhos futuros.

O relatório do projeto termina com um apêndice que contém o código do programa da placa filha.

Capítulo 2

REVISÃO DA LITERATURA

2.1 Microcontrolador

Os microprocessadores de uso geral não contêm RAM, ROM nem portas de E/S na própria pastilha. Os microcontroladores contêm processador, RAM, ROM, portas E/S, temporizador, ADC e outros periféricos numa única pastilha. Nos sistemas incorporados, os microprocessadores e os microcontroladores são muito utilizados.

Existem quatro grandes microcontroladores de 8 bits. São eles o 6811 da Motorola, o 8031 da Intel, o Z8 da Zilog e o PIC da Microchip. Cada um destes microcontroladores tem um conjunto de instruções e um conjunto de registos únicos; por conseguinte, não são compatíveis entre si. Os programas escritos para um não serão executados nos outros. Existem também microcontroladores de 16 e 32 bits fabricados por vários fabricantes de chips.

Neste projeto, escolhemos o 8031 (AT89S51) por ser económico, dispor de ferramentas de desenvolvimento de software e estar amplamente disponível no mercado.

2.2 Díodo emissor de luz (LED)

Um díodo emissor de luz (LED) é uma fonte de luz semicondutora. Os LEDs são utilizados como lâmpadas indicadoras em muitos dispositivos e são cada vez mais utilizados para outros tipos de iluminação. Surgidos como componentes electrónicos práticos em 1962, os primeiros LED emitiam luz vermelha de baixa intensidade, mas as versões modernas estão disponíveis nos comprimentos de onda visível, ultravioleta e infravermelho, com um brilho muito elevado.

Os díodos emissores de luz (LED) são os componentes mais utilizados, normalmente para apresentar os estados digitais dos pinos. As utilizações típicas dos LEDs incluem dispositivos de alarme, temporizadores e confirmação da entrada do utilizador, como um clique do rato ou um toque de tecla.

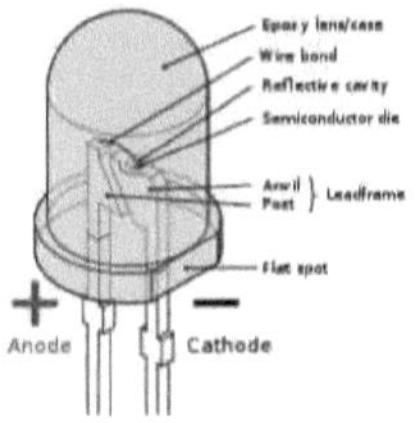

Figura 2-1: Partes de um LED

Os dois terminais dos LEDs são o ânodo (+) e o cátodo (-) e podem ser identificados pelo seu tamanho.

A perna mais comprida é o terminal positivo ou ânodo e a mais curta é o terminal negativo.

Figura 2-2: Diferentes formas e tamanhos de LED

2.3 Ecrã de sete segmentos

Um ecrã de sete segmentos é o dispositivo eletrónico de visualização mais básico que pode apresentar dígitos de 0-9. São amplamente utilizados em dispositivos que apresentam informações numéricas, como relógios digitais, rádios, fornos de micro-ondas, contadores electrónicos, etc. A configuração mais comum tem um conjunto de oito LEDs dispostos num padrão especial para apresentar estes dígitos. Estão dispostos como uma figura quadrangular "8". A cada LED é atribuído um nome de "a" a "h" e é identificado pelo seu nome. Sete LEDs "a" a "g" são utilizados para visualizar os números, enquanto o oitavo LED "h" é utilizado para visualizar o ponto/decimal.

Figura 2-3: Ecrã de sete segmentos

Basicamente, existem dois tipos de ecrãs de 7 segmentos:

1. Cátodo comum em que todos os segmentos partilham o mesmo cátodo.
2. Ânodo comum em que todos os segmentos partilham o mesmo ânodo.

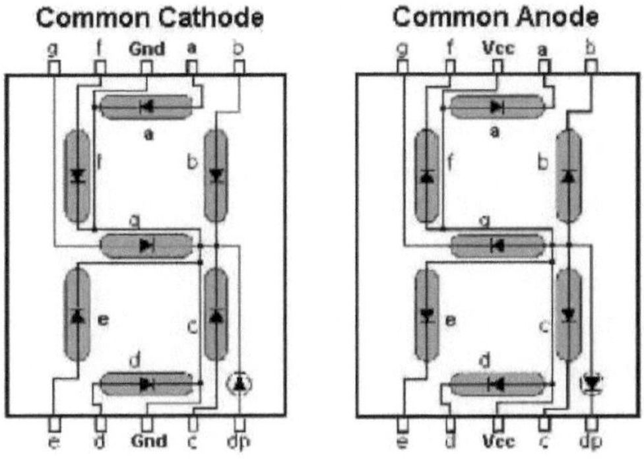

Figura 2-4: Tipos de ecrãs de 7 segmentos

2.4 Ecrã de matriz de pontos

Num ecrã de matriz de pontos, vários LEDs são ligados entre si em linhas e colunas. Isto é feito para minimizar o número de pinos necessários para os acionar. Por exemplo, uma matriz de LEDs 8×8 (mostrada abaixo) precisaria de 64 pinos de E/S, um para cada pixel de LED. Ao ligar todos os ânodos em linhas (R1 a R8) e os cátodos em colunas (C1 a C8), o número necessário de pinos de E/S é reduzido para 16. Cada LED é endereçado pelo seu número de linha e coluna. Na figura abaixo, se R4 for puxado para cima e C3 for puxado para baixo, o LED na quarta linha e terceira coluna será ligado. Os caracteres podem ser visualizados por varrimento rápido de linhas ou colunas.

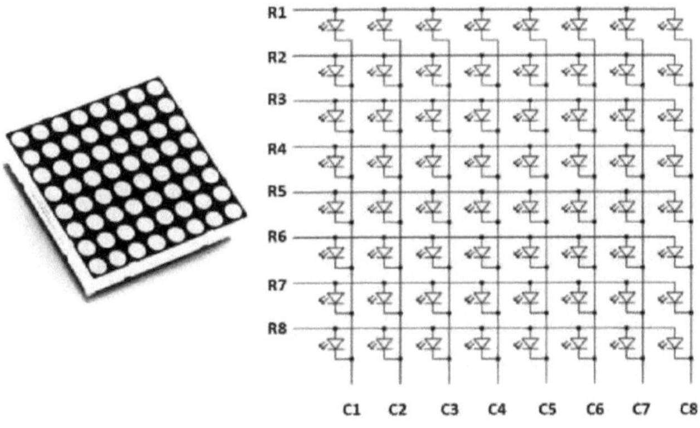

Figura 2-5: Estrutura de uma matriz de pontos LED 8x8

2.5 Ecrã de cristais líquidos (LCD)

O ecrã LCD (Liquid Crystal Display) é um módulo de visualização eletrónico que tem uma vasta gama de aplicações. Um ecrã LCD 16x2 é um módulo muito básico e é muito utilizado em vários dispositivos e circuitos. Estes módulos são preferidos aos de sete segmentos e a outros LED de vários segmentos. As razões são as seguintes: Os LCDs são económicos; facilmente programáveis; não têm qualquer limitação de apresentação de caracteres especiais e mesmo personalizados (ao contrário dos sete segmentos), animações e assim por diante.

Um LCD 16x2 significa que pode apresentar 16 caracteres por linha e existem 2 linhas deste tipo. Neste LCD, cada carácter é apresentado numa matriz de 5x7 pixels. Este LCD tem dois registos, nomeadamente, Comando e Dados.

O registo de comando armazena as instruções de comando dadas ao LCD. Um comando é uma instrução dada ao LCD para realizar uma tarefa predefinida, como inicializá-lo, limpar o ecrã, definir a posição do cursor, controlar o ecrã, etc. O registo de dados armazena os dados a serem apresentados no LCD. Os dados são o valor ASCII do carácter a ser apresentado no LCD.

2.6 Teclado de matriz

Os teclados fazem parte da HMI ou Interface Homem-Máquina e desempenham um papel muito importante num pequeno sistema incorporado em que é necessária a interação humana ou a entrada de dados humanos. Os teclados de matriz são bem conhecidos pela sua arquitetura simples e facilidade de interface com qualquer microcontrolador.

A construção de um teclado é muito simples. De acordo com o esquema apresentado na figura abaixo, temos quatro linhas e quatro colunas. Entre cada linha de linha e coluna sobreposta existe uma tecla.

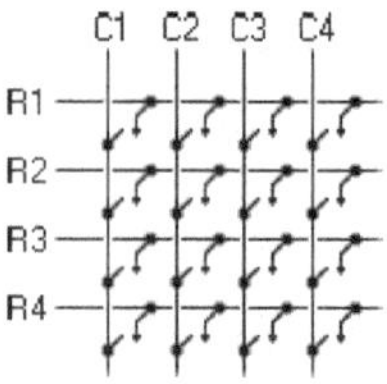

Figura 2-6: Teclado de matriz

2.7 CONVERSOR ANALÓGICO DIGITAL PARA CONVERSOR (ADC)

Os ADC (conversores analógico-digitais) estão entre os dispositivos mais utilizados para a aquisição de dados. Uma quantidade física, como a temperatura, a pressão, a humidade, a velocidade, etc., é convertida em sinais eléctricos (tensão, corrente) utilizando um dispositivo chamado transdutor ou sensor. Precisamos de um conversor analógico-digital para traduzir os sinais analógicos em números digitais, para que o microcontrolador os possa ler.

Dispositivo ADC comummente utilizado - ADC0804

2.8 Comunicação em série

A comunicação de dados em série utiliza dois métodos: assíncrono e síncrono. O método síncrono transfere um bloco de dados (caracteres) de cada vez, enquanto o método assíncrono transfere um único byte de cada vez. Existem pastilhas IC especiais fabricadas pelos fabricantes para a comunicação de dados em série. Estes chips são normalmente designados por UART (Universal Asynchronous Receiver Transmitter) e USART (Universal Synchronous Asynchronous Receiver Transmitter). O chip 8031 tem uma UART incorporada. As UART são uma das interfaces básicas que proporcionam uma comunicação económica, simples e fiável entre um controlador e outro controlador ou entre um controlador e um PC.

A comunicação de dados em série assíncrona é amplamente utilizada para transmissões orientadas para caracteres, enquanto as transferências de dados orientadas para blocos utilizam o método síncrono. No método assíncrono, cada carácter é colocado entre os bits de início e de paragem. A isto chama-se enquadramento. O bit de arranque é sempre um bit, mas o bit de paragem pode ser um ou dois bits. O bit de arranque é sempre um 0 (baixo) e o(s) bit(s) de paragem é(são) 1 (alto).

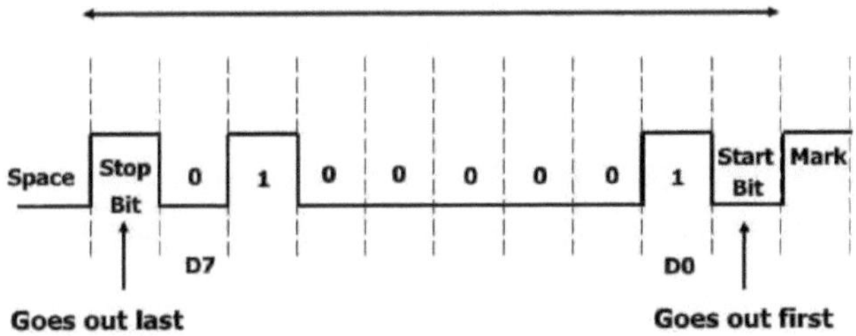

Figura 2-7: Enquadramento do ASCII "A" (binário de 8 bits 0100 0001)

RS232 Connector DB-9

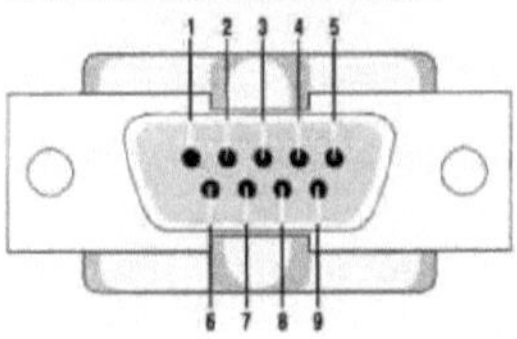

RS232 DB-9 Pins

Pin	Description
1	Data carrier detect (-DCD)
2	Received data (RxD)
3	Transmitted data (TxD)
4	Data terminal ready (DTR)
5	Signal ground (GND)
6	Data set ready (-DSR)
7	Request to send (-RTS)
8	Clear to send (-CTS)
9	Ring indicator (RI)

Figura 2-7: Conector DB9

Normalmente, todos os circuitos integrados digitais funcionam com níveis de tensão TTL ou CMOS que não podem ser utilizados para comunicar através do protocolo RS-232. No RS232, um 1 é representado por -3 ~ -25 V, enquanto um 0 bit é +3 ~ +25 V, tornando -3 a +3 indefinidos. Assim, é necessário um conversor de tensão ou de nível que possa converter os níveis de tensão TTL para RS232 e RS232 para TTL. O conversor de nível RS-232 mais comummente utilizado é o MAX232. Este circuito integrado inclui uma bomba de carga que pode gerar níveis de tensão RS232 (-10V e +10V) a partir de uma fonte de alimentação de 5V. Também inclui dois receptores e dois transmissores e é capaz de comunicação UART/USART full-duplex.

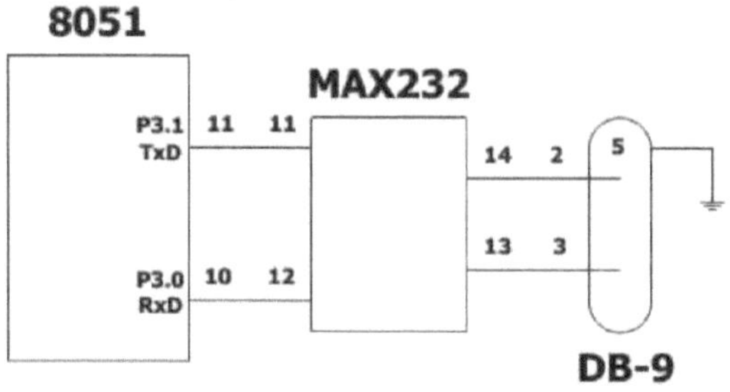

Figura 2-8: Ligação do MAX232 ao 8031

2.9 Motor DC

Um motor de corrente contínua (CC) é um dispositivo muito utilizado que transforma impulsos eléctricos em movimento mecânico. Isto é conseguido forçando a corrente através de uma bobina e produzindo um campo magnético que faz girar o motor. No motor de corrente contínua temos apenas os cabos + e -. Ligando-os a uma fonte de tensão DC, o motor move-se numa direção. O motor de corrente contínua move-se continuamente. Há muitas coisas que podemos fazer com o nosso motor de corrente contínua quando ligado a um microcontrolador. Por exemplo, podemos controlar a velocidade do motor, podemos controlar o sentido de rotação.

Figura 2-9: Motor DC

Direção

Mudar a direção de rotação de um motor DC é muito simples: basta inverter a polaridade.

Velocidade

A velocidade é um pouco mais complicada. Muitos principiantes tentam abrandar um motor reduzindo a sua tensão através de uma resistência variável ou de outras formas. Isto não funciona bem, porque não só reduz a velocidade do motor, como também reduz a força do motor, ao mesmo tempo que consome muita eletricidade, uma vez que são geradas grandes quantidades de calor pela resistência.

Uma forma muito melhor é utilizar um dispositivo PWM (modulação por largura de impulso).

2.10 Motor de passo

Um motor de passo é um motor elétrico síncrono sem escovas que converte impulsos digitais em rotação mecânica do eixo. Cada revolução do motor passo a passo é dividida num número discreto de passos, e o motor deve receber um impulso separado para cada passo.

Figura 2-10-10: Motor passo a passo

Capítulo 3

METODOLOGIA

3.1 Introdução

Para uma implementação bem sucedida dos cursos MCU em todos os níveis de ensino necessários, é essencial dispor de EduKits adequados para o ensino e a aprendizagem da programação de microcontroladores, bem como para o desenvolvimento de aplicações em tempo real. Devem ser acessíveis, fáceis de utilizar e flexíveis. As secções seguintes descrevem a motivação do Edukit proposto, a conceção do Edukit, a utilização do EduKit e as suas vantagens.

3.2 Motivação para o EduKit proposto

Estão disponíveis no mercado diferentes tipos de ferramentas de formação para o ensino e aprendizagem de microcontroladores, provenientes de diferentes empresas de fabrico de microcontroladores, bem como de empresas terceiras. Por exemplo: Motorola, Intel, microchip, Zilog, Atmel, etc. oferecem placas de formação de microcontroladores com diferentes caraterísticas. No entanto, as placas foram desenvolvidas com base no conceito de que os utilizadores têm conhecimentos de engenharia eletrónica ou informática. As aplicações que as placas podem facilitar são orientadas para a referida área de engenharia, o que pode não ser adequado para explicar aos utilizadores de outras disciplinas. Os componentes necessários para as aplicações são montados numa placa de circuito impresso (PCB) de grandes dimensões. Os principiantes em microcontroladores podem facilmente entrar em pânico e ficar desiludidos com a visão de componentes amontoados numa única placa de circuito impresso.

Foi proposto um EduKit baseado em módulos para familiarização e programação de microcontroladores. O microcontrolador e alguns componentes muito comuns, como interruptores, fonte de alimentação, conectores, etc., são montados na placa-mãe. Os componentes necessários para desenvolver diferentes aplicações são montados na respectiva placa filha, que pode ser ligada à placa mãe para executar a aplicação.

3.3 Conceção concetual do Edukit

O microcontrolador de arquitetura 8031 foi escolhido para o projeto devido ao seu baixo custo, simplicidade, disponibilidade e muitas outras caraterísticas atractivas.

A figura 3.1 mostra um desenho concetual do Edukit, em que 1(a), 1(b) e 1(c) indicam uma amostra de placa-mãe, placa-filha e placa nua, respetivamente. A placa-mãe será equipada com o processador AT89S51, a fonte de alimentação e os componentes comuns normalmente utilizados em diferentes tipos de aplicações, como resistências, condensadores, interruptores e conectores. Os componentes comuns da placa-mãe foram indicados por C1, C2, C3, C4, etc. Existem conectores fêmea na periferia da placa-mãe. A placa filha está equipada com os componentes necessários para desenvolver uma aplicação específica, indicados por c-1, c-2, c-3, etc. Tem um conetor macho à volta da periferia. A placa-mãe e a placa filha podem ser facilmente ligadas e desligadas através dos conectores. A placa não tem quaisquer componentes. Os alunos podem utilizar esta placa para implementar a sua própria ideia.

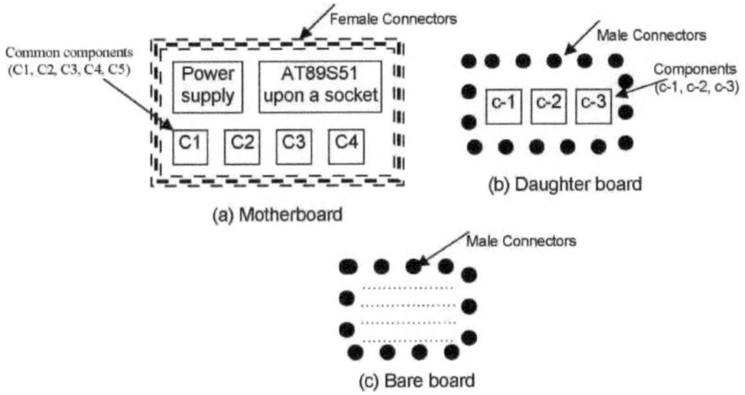

Figura 3-1: Placa-mãe e placa-filha conceptuais do EduKit proposto

3.4 Dispositivos utilizados no sistema proposto

3.4.1 Microcontrolador AT89S51

O AT89S51 é um microcontrolador CMOS de 8 bits de baixo consumo e elevado desempenho com 4K bytes de memória Flash programável no sistema. O dispositivo é fabricado utilizando a tecnologia de memória não volátil de alta densidade da Atmel e é compatível com o conjunto de instruções e pin out 80C51 padrão da indústria. O Flash no chip permite que a memória de programa seja reprogramada no sistema ou por um programador de memória não volátil convencional. Ao combinar uma CPU versátil de 8 bits com Flash programável no sistema num chip monolítico, o Atmel AT89S51 é um poderoso microcontrolador que proporciona uma solução altamente flexível e económica para muitas aplicações de controlo incorporadas.

Caraterísticas:

- Compatível com os produtos MCS-51
- 4K Bytes de memória flash programável no sistema (ISP)

- Resistência: 1000 ciclos de escrita/apagamento

- 4,0 V a 5,5 V Gama de funcionamento
- Funcionamento totalmente estático: 0 Hz a 33 MHz
- Bloqueio de memória de programa de três níveis
- 128 x 8-bit RAM interna
- 32 linhas de E/S programáveis
- Dois temporizadores/contadores de 16 bits
- Seis fontes de interrupção

- Canal serial UART full duplex
- Modos de baixo consumo de energia inativo e de desativação
- Recuperação de interrupções do modo de desativação
- Temporizador Watchdog
- Ponteiro de dados duplo
- Sinalizador de desativação
- Tempo de programação rápido
- Programação ISP flexível (modo Byte e Page)

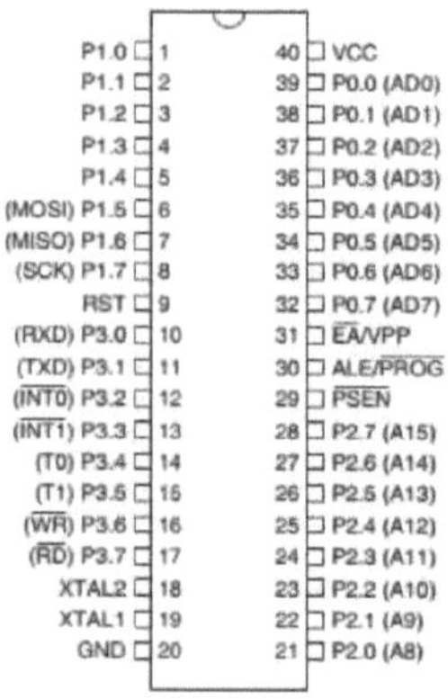

Figura 3-2: Configuração de pinos do AT89S51

Descrição dos pinos:

VCC Tensão de alimentação

GND Solo

Porto 0 A porta 0 é uma porta E/S bidirecional de dreno aberto de 8 bits.

Porto 1 A porta 1 é uma porta E/S bidirecional de 8 bits com pull-ups internos.

Porto 2 A porta 2 é uma porta E/S bidirecional de 8 bits com pull-ups internos.

Porta 3 A porta 3 é uma porta E/S bidirecional de 8 bits com pull-ups internos.

A porta 3 também serve as funções de vários recursos especiais do AT89S51, conforme mostrado na tabela a seguir.

Quadro 3-1: Caraterísticas especiais do porto 3

Pino da porta	**Funções alternativas**
P3.0	RXD (porta de entrada série)

P3.1	TXD (porta de saída série)
P3.2	INT0 (interrupção externa 0)
P3.3	INT1 (interrupção externa 1)
P3.4	T0 (entrada externa do temporizador 0)
P3.5	T1 (entrada externa do temporizador 1)
P3.6	WR (estroboscópio de escrita da memória de dados externa)
P3.7	RD (estroboscópio de leitura da memória de dados externa)

RST Entrada de reinicialização. Um valor alto neste pino durante dois ciclos de máquina enquanto o oscilador está a funcionar reinicia o dispositivo.

ALE A ativação do bloqueio de endereço (ALE) é um impulso de saída para bloquear o byte inferior do endereço durante os acessos à memória externa.

PSEN Program Store Enable (PSEN) é o sinal de leitura para o programa externo

memória. Quando o AT89S51 está a executar código a partir da memória de programa externa, PSEN é ativado duas vezes em cada ciclo de máquina, exceto que duas activações de PSEN são ignoradas durante cada acesso à memória de dados externa.

EA Habilitação de acesso externo. EA deve ser ligado a GND para que

permitem que o dispositivo vá buscar código a localizações externas da memória de programa. EA deve ser ligado a VCC para execuções de programas internos.

3.4.2 ADC0804

A família ADC080X é constituída por conversores A/D CMOS de 8 bits, de aproximação sucessiva, que utilizam uma escada potenciométrica modificada e foram concebidos para funcionar com o barramento de controlo 8080A através de saídas de três estados. Estes conversores aparecem ao processador como posições de memória ou portas de E/S, pelo que não é necessária qualquer lógica de interface.

A entrada de tensão analógica diferencial tem boa rejeição de modo comum e permite compensar o valor analógico de tensão de entrada zero. Além disso, a entrada de referência de tensão pode ser ajustada para permitir a codificação de qualquer intervalo de tensão analógica menor para os 8 bits completos de resolução.

Caraterísticas:

- Compatível com barramento 80C48 e 80C80/85 - Não é necessária lógica de interface
- Tempo de conversão .... <100s
- Interface fácil para a maioria dos microprocessadores
- Funcionará em modo "autónomo
- Entradas de tensão analógica diferencial

- Funciona com Referências de Tensão de Bandgap
- Entradas e saídas compatíveis com TTL
- Gerador de relógio no chip
- Gama de entrada de tensão analógica (alimentação simples + 5V) .... 0V a 5V
- Não é necessário ajuste zero
- Compatível com barramento 80C48 e 80C80/85 - Não é necessária lógica de interface

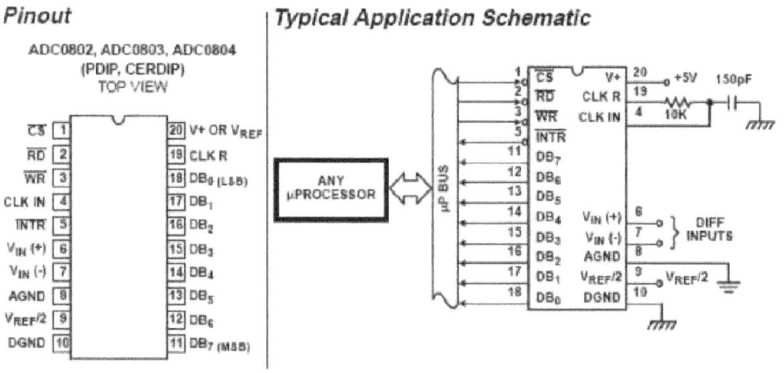

Figura 3-3: Configuração de pinos do ADC0804

3.4.3 MAX232

O Max232 é um circuito integrado que converte sinais de uma porta serial RS-232 em sinais adequados para uso em circuitos lógicos digitais compatíveis com TTL (lógica de transistor-transistor). O MAX232 é um controlador/recetor duplo e tipicamente converte os sinais RX, TX, CTX e RTS. Os controladores fornecem saídas de nível de tensão RS-232 a partir de uma única alimentação de +5V através de bombas de carga no chip e condensadores externos. Os receptores reduzem as entradas RS-232 para níveis TTL padrão de 5V.

Tabela 3-2: Níveis de tensão RS-232 e MAX232

Tipo de linha RS232 e nível lógico	Tensão RS232	Tensão TTL de/para MAX232
Transmissão de dados (RX/TX) lógica 0	+3V a +5V	0V
Transmissão de dados (RX/TX) lógica 1	-3V a -5V	5V
Sinais de controlo (RTS/CTS/DTR/DSR) lógica 0	-3V a -5V	5V
Sinais de controlo	+3V a	0V

(RTS/CTS/DTR/DSR) lógica 1	+5V	

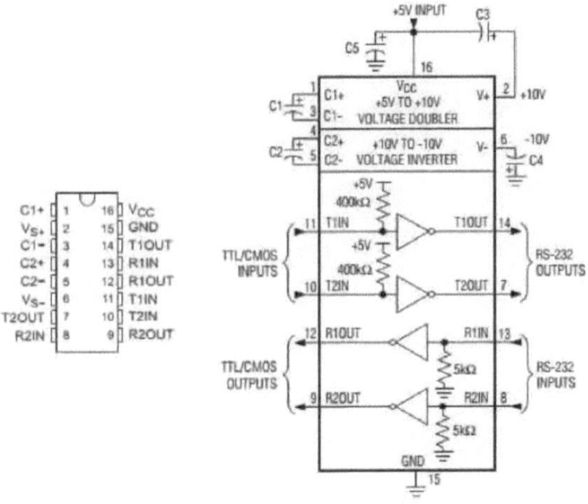

Figura 3-4: Configuração dos pinos do MAX232 e circuito operacional típico

3.4.4 74ls47 (Descodificador/driver de BCD para 7 segmentos)

O 74LS47 é um descodificador/driver de BCD para 7 segmentos. Oferecem saídas activas de corrente baixa e alta para a condução direta de indicadores. BCD é o acrónimo de Binary Coded Decimal. O 74LS47 tem quatro pinos de entrada, que são usados para introduzir um número binário de 4 dígitos (0000 a 1001). O chip tem também sete pinos de saída, que podem ser utilizados para alimentar diretamente um ecrã de 7 segmentos.

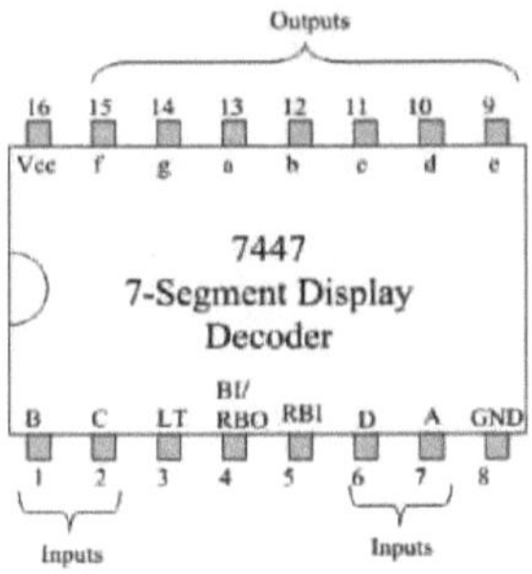

Figura 3-5: Pinagem do CI 74LS47

Tabela 3-3: Tabela de verdade para um descodificador BCD para sete segmentos

Decimal	Input				Output						
	D	C	B	A	a	b	c	d	e	f	g
0	L	L	L	L	L	L	L	L	L	L	H
1	L	L	L	H	H	L	L	H	H	H	H
2	L	L	H	L	L	L	H	L	L	H	L
3	L	L	H	H	L	L	L	L	H	H	L
4	L	H	L	L	H	L	L	H	H	L	L
5	L	H	L	H	L	H	L	L	H	L	L
6	L	H	H	L	H	H	L	L	L	L	L
7	L	H	H	H	L	L	L	H	H	H	H
8	H	L	L	L	L	L	L	L	L	L	L
9	H	L	L	H	L	L	L	H	H	L	L

3.4.5 L293D

O controlador do motor é basicamente um amplificador de corrente que recebe um sinal de baixa corrente do microcontrolador e emite um sinal de corrente proporcionalmente mais elevado que pode controlar e acionar um motor. Na maioria dos casos, um transístor pode atuar como um interrutor e executar esta tarefa que acciona o motor numa única direção.

Para ligar e desligar um motor é necessário apenas um interrutor para controlar um único motor numa única direção. Se quisermos acionar o motor no sentido inverso, temos de inverter a sua polaridade. Isto pode ser conseguido utilizando quatro interruptores dispostos de forma inteligente, de modo a que o circuito não só accione o motor, mas também controle a sua direção. De entre muitos, um dos projectos mais comuns e inteligentes é um circuito de ponte H, em que os transístores estão dispostos numa forma que se assemelha ao alfabeto inglês "H".

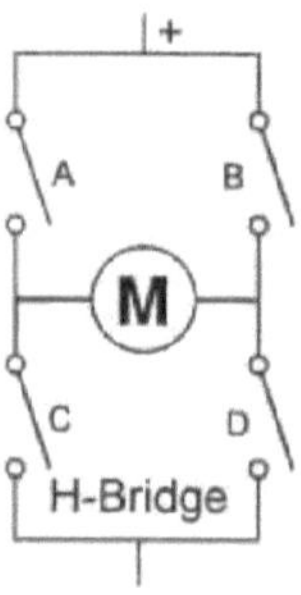

Figura 3-6: Ponte H

Na Figura 3-4-1, o circuito tem quatro interruptores A, B, C e D. Ligar e desligar estes interruptores pode acionar um motor de diferentes formas, como mostra a tabela seguinte.

Tabela 3-4: Funcionamento do interrutor da ponte H

Funcionamento do motor	A	B	C	D
desligado	aberto	aberto	aberto	aberto

no sentido dos ponteiros do relógio	fechado	aberto	aberto	fechado
anti-horário	aberto	fechado	fechado	aberto
Inválido	fechado	fechado	fechado	fechado

Os L293D são controladores quádruplos de meia-H de alta corrente. O L293 foi concebido para fornecer correntes de acionamento bidireccionais até 1 A a tensões de 4,5 V a 36 V. O L293D foi concebido para fornecer correntes de acionamento bidireccionais até 600 mA a tensões de 4,5 V a 36 V. Ambos os dispositivos foram concebidos para acionar cargas indutivas, tais como relés, solenóides, motores passo a passo CC e bipolares, bem como outras cargas de alta corrente/alta tensão em aplicações de alimentação positiva.

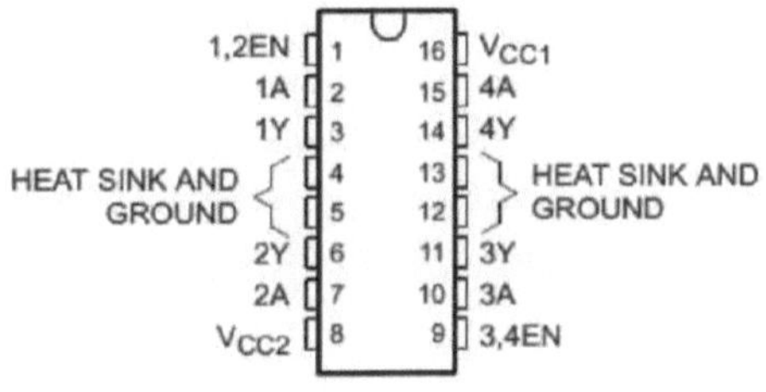

Figura 3-7: Pinagem do L293D

Todas as entradas são compatíveis com TTL. Cada saída é um circuito completo de acionamento de pólo totem, com um dissipador de transístor Darlington e uma fonte pseudo-Darlington. Os controladores são activados em pares, com os controladores 1 e 2 activados por 1,2EN e os controladores 3 e 4 activados por 3,4EN. Quando uma entrada de ativação é alta, os controladores associados são activados e as suas saídas estão activas e em fase com as suas entradas. Quando a entrada de ativação é baixa, esses controladores são desactivados e as suas saídas estão desligadas e no estado de alta impedância. Com as entradas de dados adequadas, cada par de controladores forma um acionamento reversível full-H (ou ponte) adequado para aplicações de solenoide ou motor.

Tabela 3-5: Tabela de funções do L293D (cada controlador)

INPUTS		OUTPUT
A	**EN**	**Y**
H	H	H
L	H	L
X	L	Z

H = nível alto, L= nível baixo, X = irrelevante, Z = alta impedância (desligado)

3.4.6 Conjunto de transístores Darlington (ULN2803A)

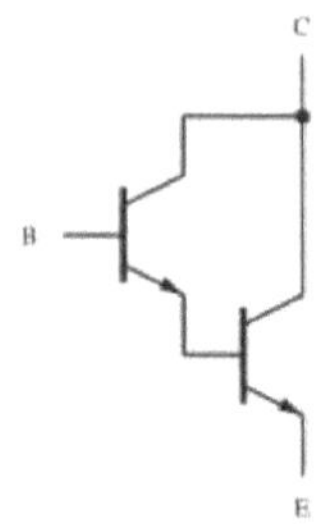

Figura 3-8: Diagrama de circuito de um par Darlington utilizando transístores NPN

Em eletrónica, o par de transístores Darlington é uma estrutura composta por dois transístores bipolares (dispositivos integrados ou separados) ligados de forma a que a corrente amplificada pelo primeiro transístor seja amplificada ainda mais pelo segundo. Esta configuração proporciona um ganho de corrente comum/emissor muito mais elevado do que cada transístor considerado separadamente e, no caso dos dispositivos integrados, pode ocupar menos espaço do que dois transístores individuais, uma vez que podem utilizar um coletor partilhado. Os pares Darlington integrados são embalados individualmente em pacotes semelhantes a transístores ou como um conjunto de dispositivos (normalmente oito) num circuito integrado.

O ULN2803A é um conjunto de transístores Darlington de alta tensão e alta corrente. O dispositivo consiste em oito pares NPN Darlington que apresentam saídas de alta tensão com díodos de fixação de cátodo comum para comutação de cargas indutivas. A corrente nominal de coletor de cada par Darlington é de 500mA. Os pares Darlington podem ser ligados em paralelo para uma maior capacidade de corrente.

As aplicações incluem controladores de relé, controladores de martelo, controladores de lâmpada, controladores de ecrã, controladores de linha e buffers lógicos. O ULN2803A tem uma resistência de base em série de 2,7kΩ para cada par Darlington para funcionar diretamente com dispositivos TTL ou CMOS de 5 V.

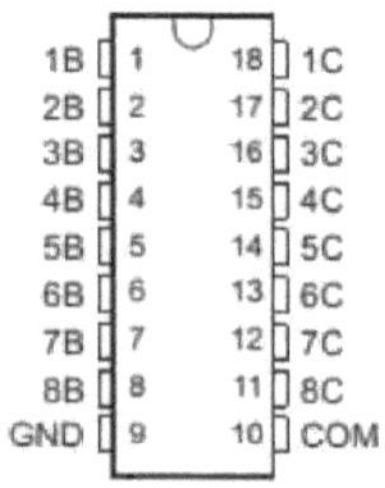

Figura 3-9: Pinagem do CI ULN2803A

3.5 Software utilizado para o sistema proposto

Para desenvolver o sistema proposto, foram utilizados os seguintes programas informáticos

3.5.1 Keil µVision IDE

As ferramentas de desenvolvimento da Keil para a família de microcontroladores 8031 suportam todos os níveis de desenvolvimento, desde o engenheiro de aplicações profissional até ao estudante que está a aprender a desenvolver software incorporado. Os compiladores C, os montadores de macros, os depuradores, os kernels em tempo real e os computadores de placa única da Keil, padrão da indústria, suportam TODOS os derivados compatíveis com o 8031 e ajudam-nos a concluir os nossos projectos dentro do prazo.

As ferramentas de desenvolvimento Keil para o 8031 oferecem inúmeras caraterísticas e vantagens que nos ajudam a desenvolver rapidamente e com sucesso aplicações integradas. São fáceis de utilizar e garantem que nos ajudam a atingir os nossos objectivos de design. O µVision IDE é uma plataforma de desenvolvimento de software baseada em Windows que combina Gestão de Projectos, Edição de Código Fonte, Depuração de Programas e Programação Flash num único e poderoso ambiente.

3.5.2 Orcad 9.2

O Orcad é um conjunto de ferramentas da Cadence para o design e layout de placas de circuito impresso (PCBs). Neste projeto, utilizámos a versão 9.2 do conjunto Orcad. O Orcad consiste, de facto, em duas ferramentas. O Capture é utilizado para a introdução do desenho em forma de esquema. Layout plus é uma ferramenta que desenha a disposição física dos componentes e circuitos numa PCB.

Há várias etapas básicas envolvidas na produção de uma placa de circuito impresso (PCB). A maioria dos projectos começa com um esquema desenhado à mão e um plano de design. Com estes, o circuito é prototipado e testado para verificar se o design funciona corretamente. Depois, utilizando o Orcad Capture, é criada uma versão eletrónica do esquema. Um ficheiro netlist é criado a partir do esquema eletrónico e utilizado no Orcad Layout Plus para criar a disposição física da placa de circuito impresso. Em seguida, os componentes são colocados e encaminhados no software Orcad Layout Plus e são criados ficheiros Gerber. Estes ficheiros Gerber são utilizados num sistema de prototipagem para fresar, perfurar e cortar o substrato da placa de circuito impresso. Os componentes são então colocados e soldados ao substrato. Finalmente, a placa é testada para verificar se funciona como esperado.

3.6 Programador utilizado para o sistema proposto

Este programador pode programar AT89S51 e AT89S52 do microcontrolador da família ATMEL 8031 e ATmega8, ATmega16 e ATmega32 do microcontrolador da família ATMEL AVR utilizando a interface USB. Consiste simplesmente num ATMega8 e num par de componentes passivos. O programador utiliza um controlador USB apenas de firmware, não sendo necessário um controlador USB especial. O firmware é o software que vai ser gravado no microcontrolador do programador, este firmware tem o código que permite ao programador comunicar com o PC através da USB e com o microcontrolador alvo.

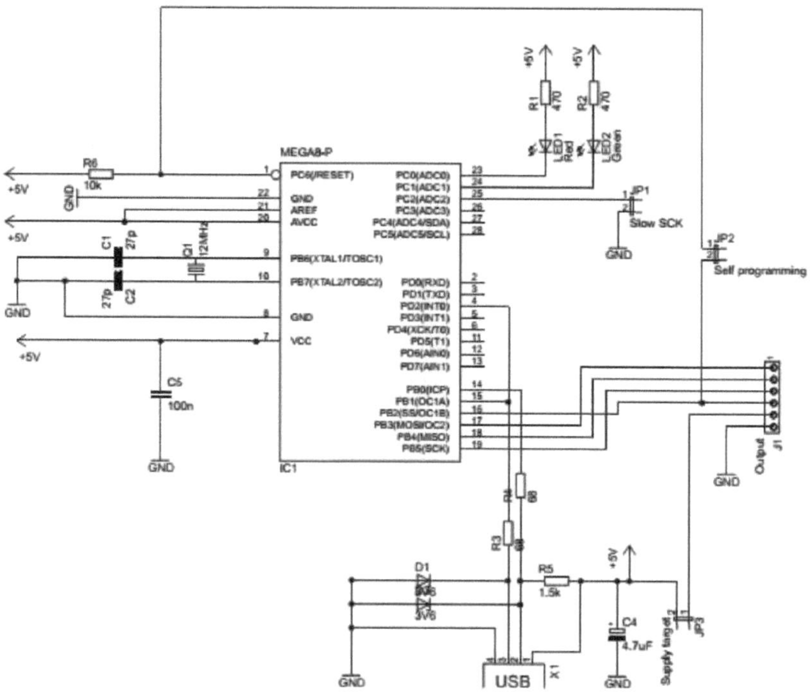

Figura 3-10: Esquema do programador do USB 8031 & AVR Mircrocontroller

O circuito é soldado numa placa de circuito impresso de uso geral. Preparar o microcontrolador atmega8 para ser inserido na placa de circuito impresso recém-soldada e começar a funcionar. Temos de gravar o firmware no microcontrolador atmega8. Usámos o programador ISP paralelo para fazer este trabalho.

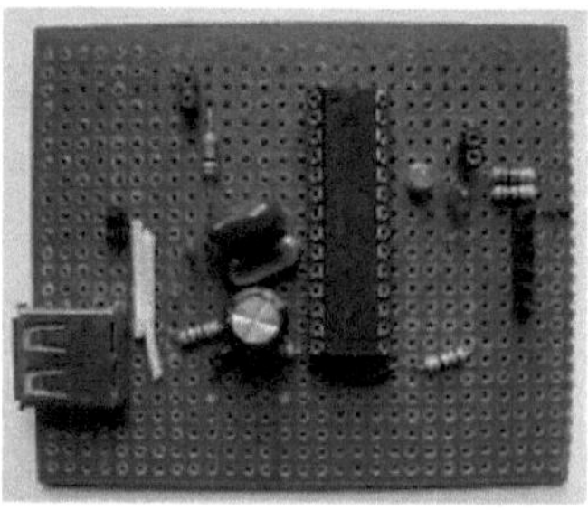

Na primeira vez que ligamos o nosso programador ao PC, o nosso programador será detectado como usbasp e temos de fornecer um caminho adequado para a instalação dos controladores.

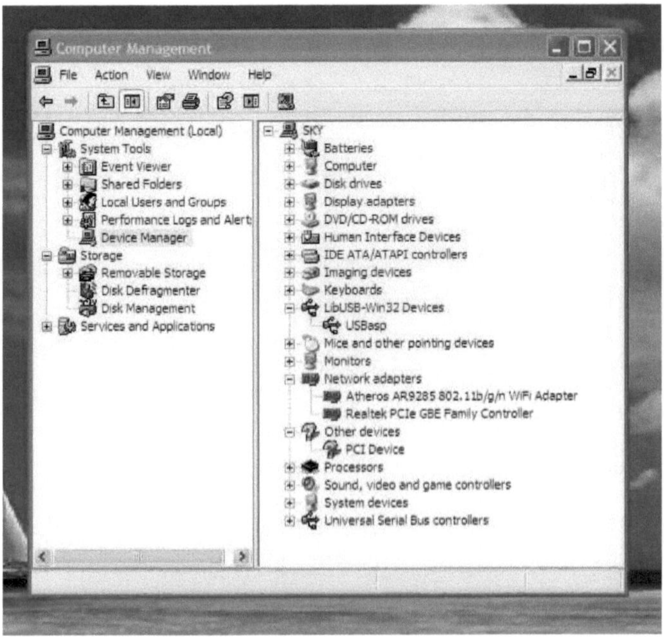

3.5.1 Como programar o AT89S51

Passo 1: Temos de escrever o nosso próprio programa C ou ASM no nosso compilador. Utilizámos o Keil uVision Compiler para a programação do AT89S51.

Passo 2: Temos de gerar o ficheiro .HEX compilando-o, mas antes disso temos de definir a frequência do cristal.

Passo 3: Temos de executar outro software chamado ProgISP. 

Este é o software de gravação para programar o microcontrolador AT89S51. Assim, depois de executar este software, verificamos que, se o programador estiver corretamente ligado, o ícone está ativo; caso contrário, está desativado 

assim.

Passo 4: Ligamos o nosso programador à nossa motherboard para programar o AT89S51 utilizando o fio de ligação.

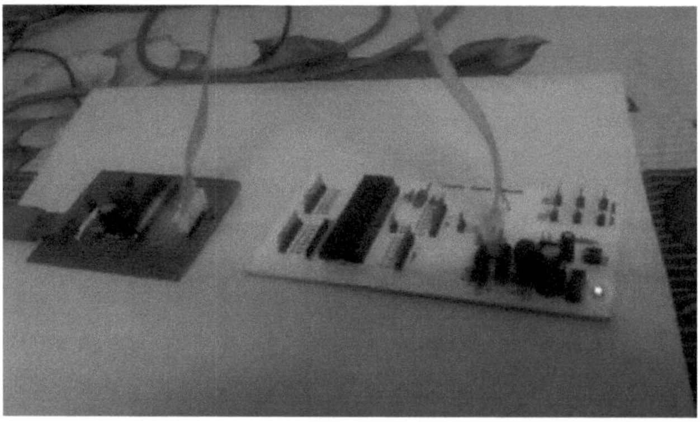

Passo 5: Seleccionamos o chip AT89S51.

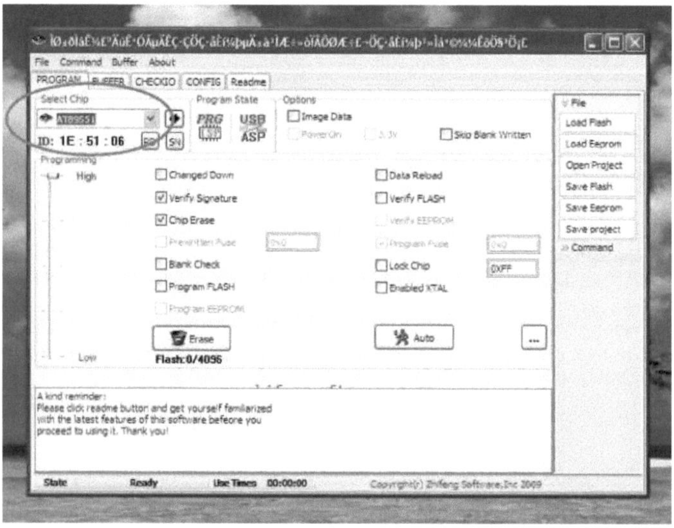

Etapa 6: Verificamos o chip. Se não houver chip ou se o chip estiver danificado, aparecerá a mensagem de erro "Chip Enable Program Error".

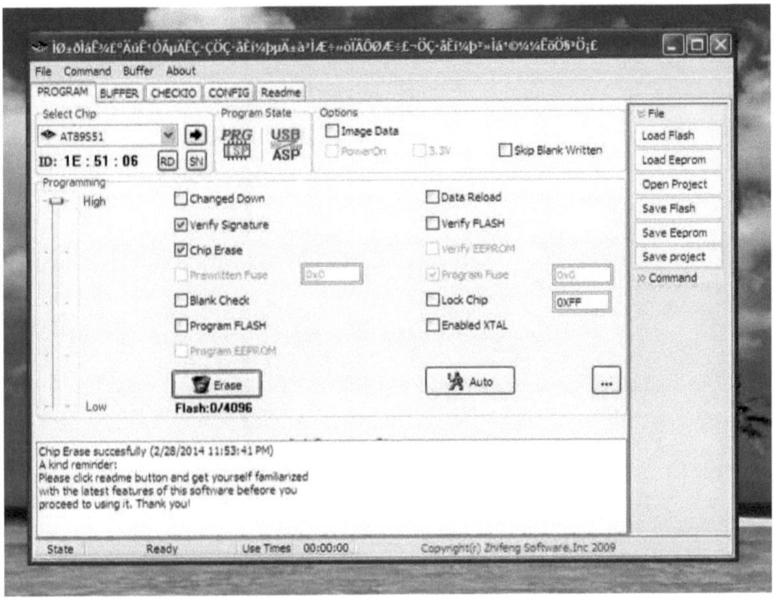

Passo 7: Temos de carregar o flash no menu de ficheiros, temos de localizar o ficheiro .HEX adequado que queremos programar.

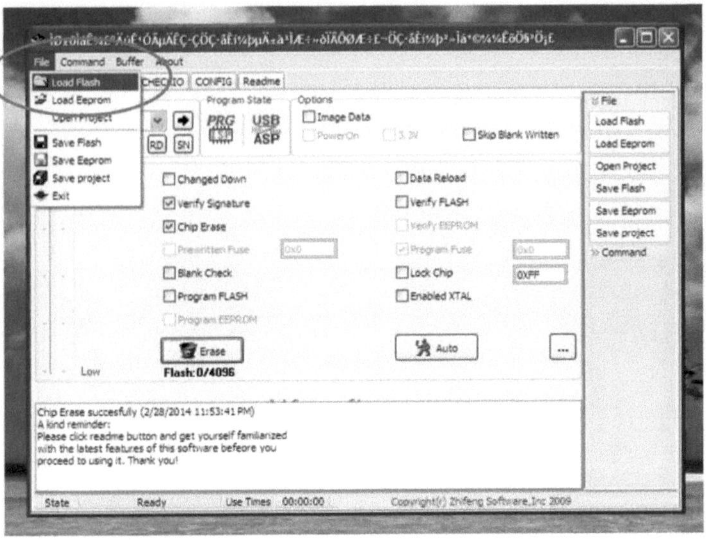

Passo 8: Temos de escrever o flash no menu de comandos.

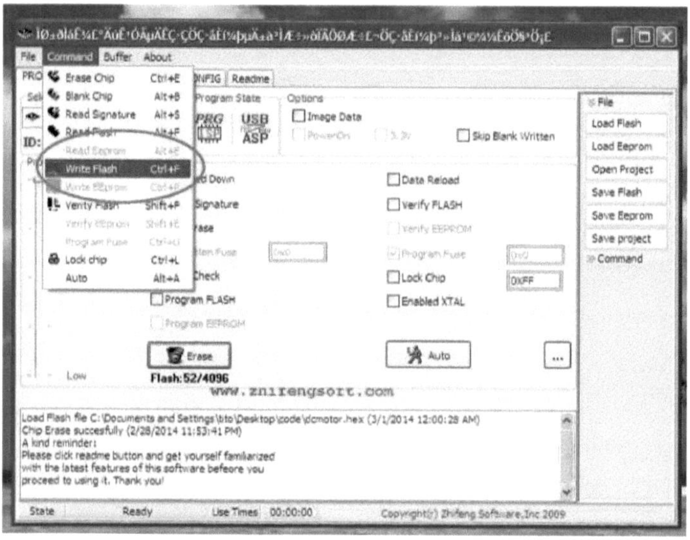

Passo 9: temos de observar a barra de progresso por baixo do software. Durante a programação, o LED verde da placa também fica aceso.

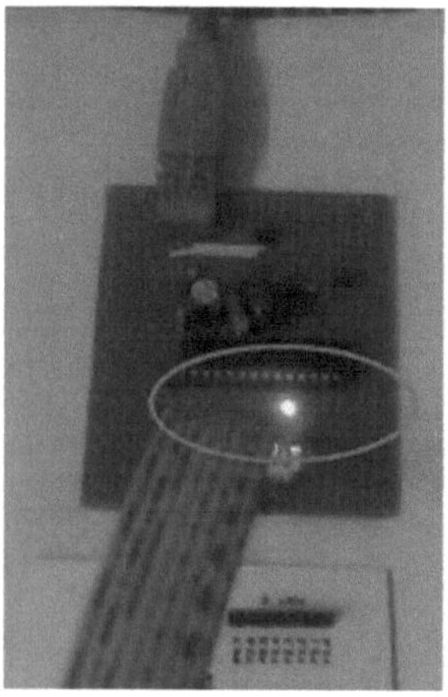

Capítulo 4

RESULTADOS E DEBATES

4.1 Introdução

Este capítulo descreve o desenho esquemático, o protótipo do sistema e o desenho da placa de circuito impresso (PCB) do sistema proposto. A vista artística do sistema proposto também é apresentada aqui. No final do capítulo, são apresentados os resultados da implementação do sistema proposto.

4.2 Desenho esquemático

O Edukit baseado em módulos proposto é constituído por uma placa-mãe e várias placas-filhas baseadas em diferentes aplicações.

4.2.1 Desenho esquemático da placa-mãe

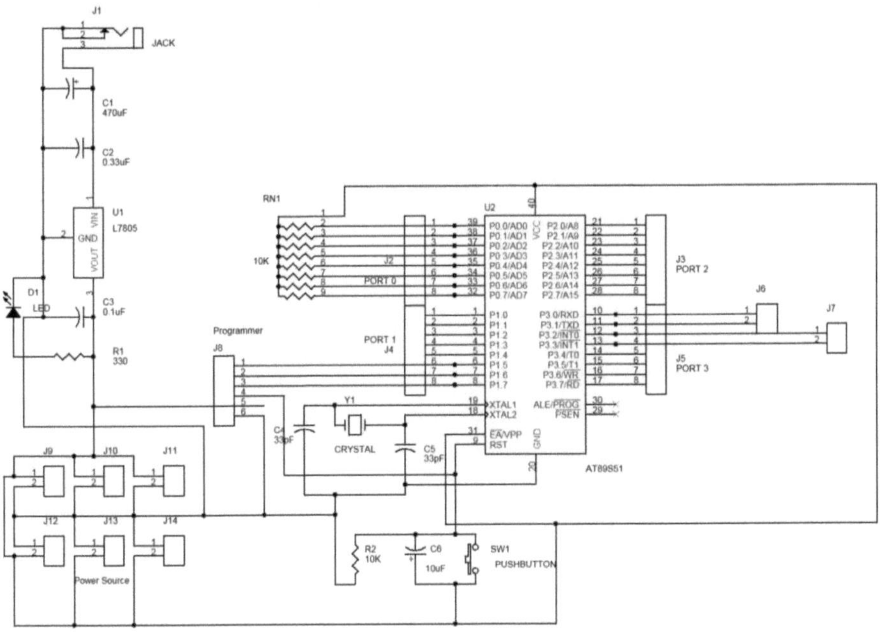

Figura 2-1. Módulo da placa-mãe

4.2.2 Desenho esquemático da placa filha

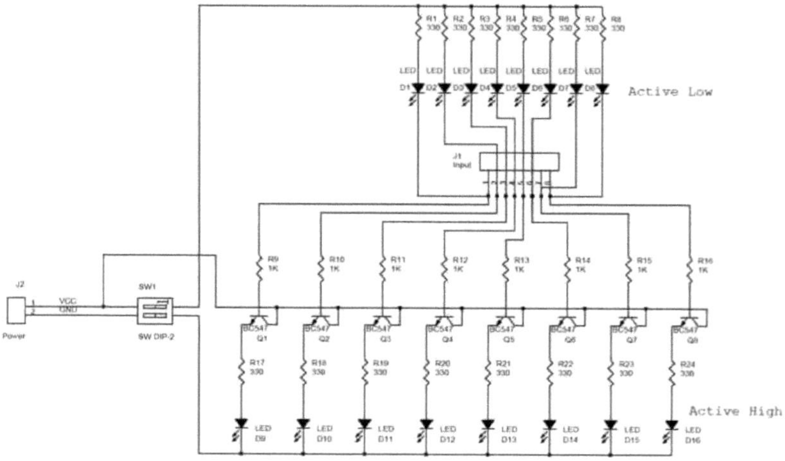

Figura 2-2. Desenho esquemático do módulo LED

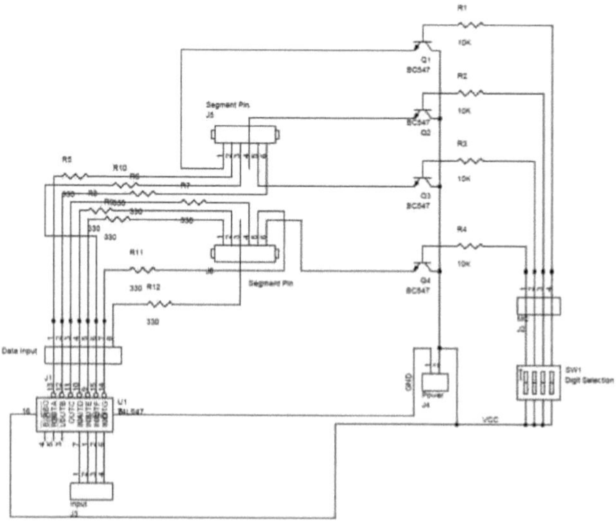

Figura 2-3. Desenho esquemático do módulo de 7 segmentos

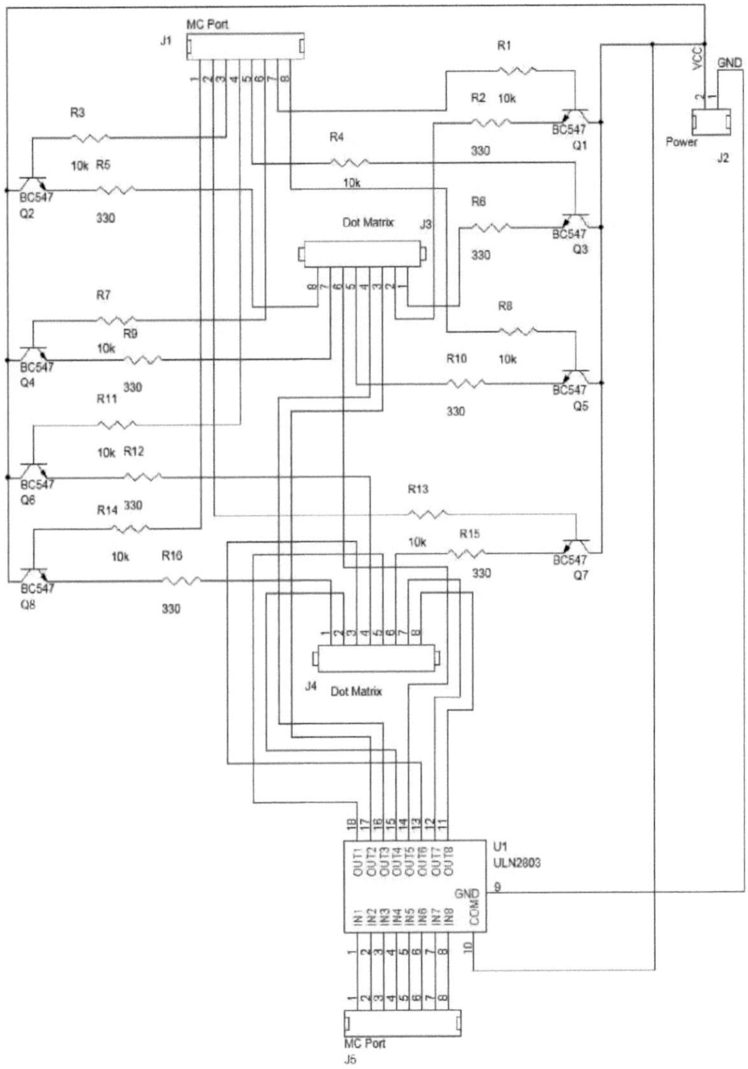

Figura 2-4. Desenho esquemático do módulo matricial de pontos 8X8

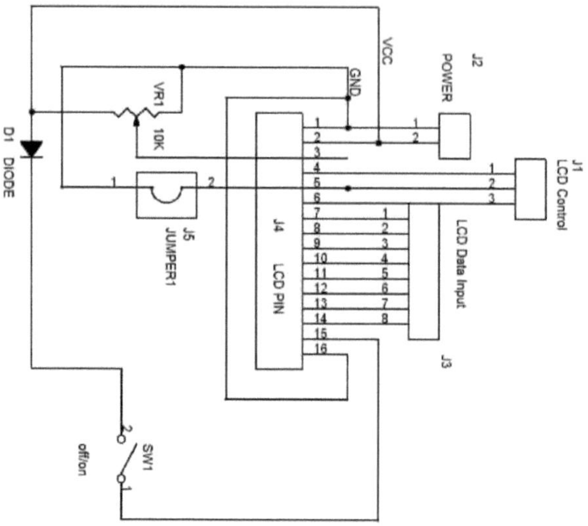

Figura 2-5. Desenho esquemático do módulo LCD

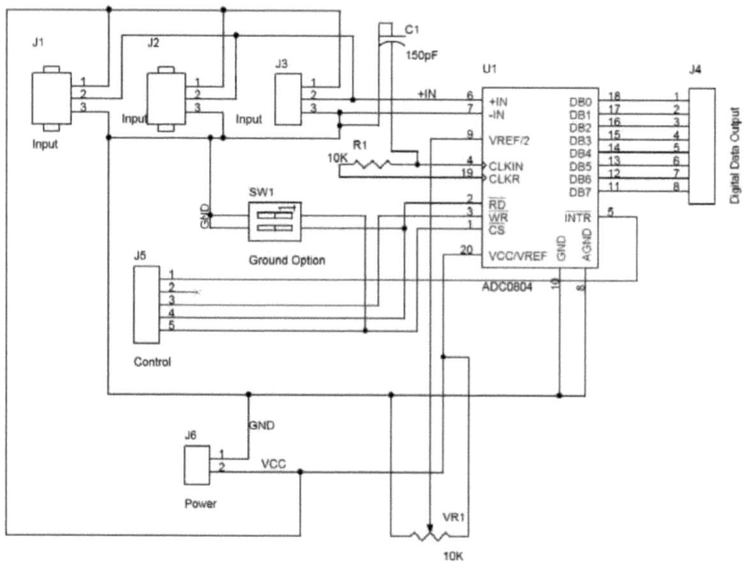

Figura 2-6. Desenho esquemático do módulo ADC

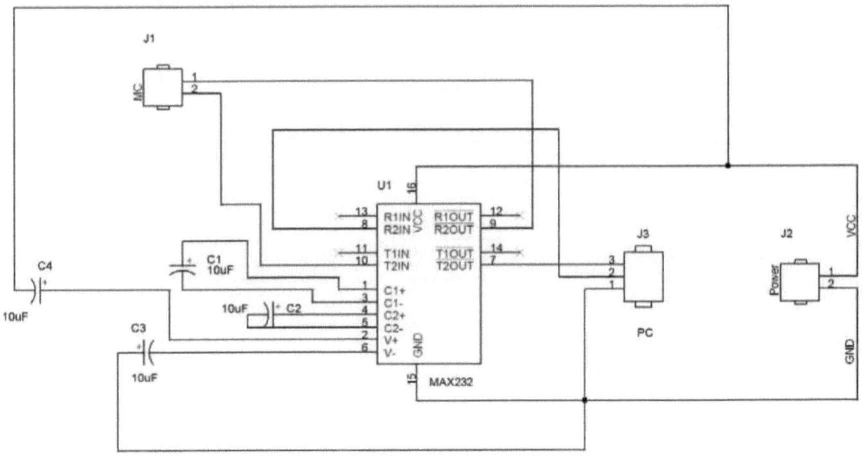

Figura 2-7. Desenho esquemático do módulo de porta série

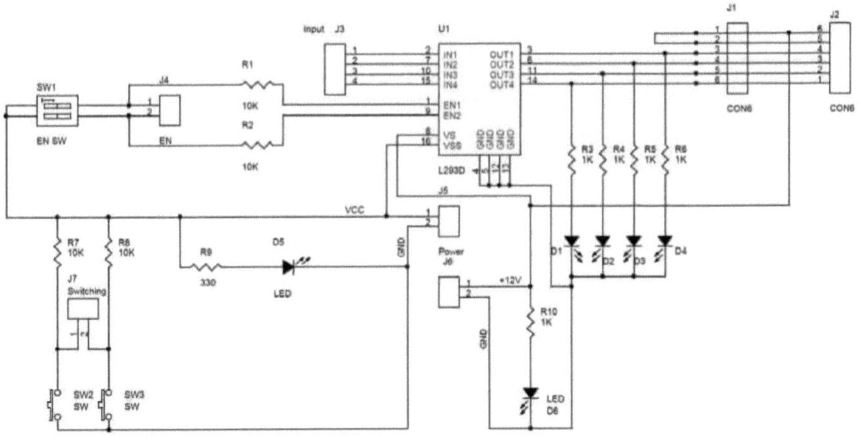

Figura 2-8. Desenho esquemático do módulo do motor

4.3 Conceção da placa de circuitos impressos (PCB)

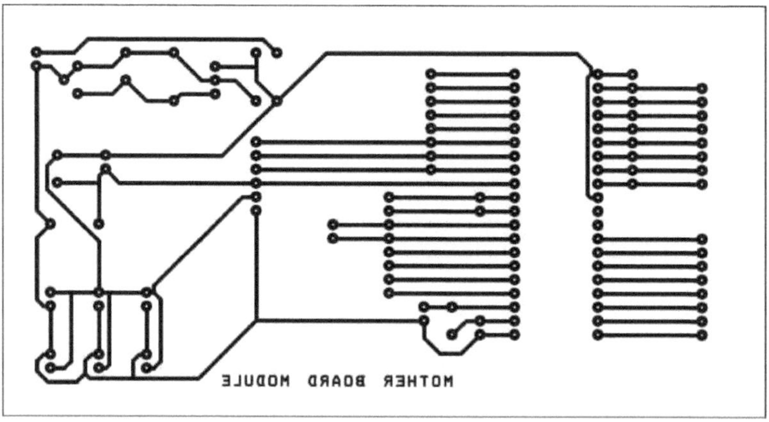

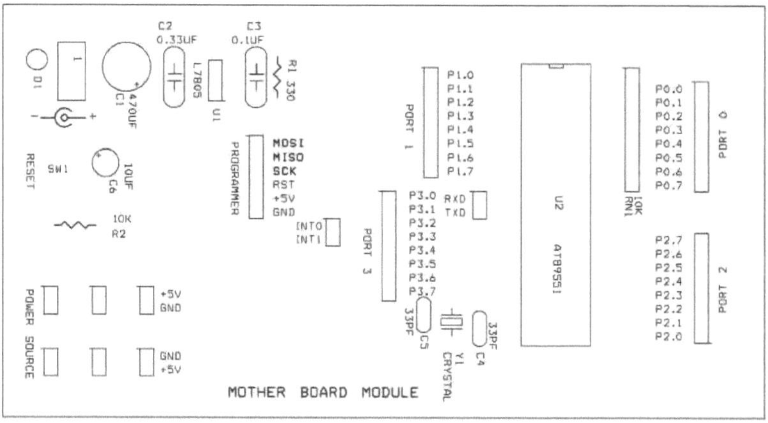
C2
0.33UF
C3
0.1UF
D1
C1
470UF
L7805
U1
R1 330
RESET
SW1
10UF
C6
10K
R2
PROGRAMMER
MOSI
MISO
SCK
RST
+5V
GND
INT0
INT1
PORT 1
P1.0
P1.1
P1.2
P1.3
P1.4
P1.5
P1.6
P1.7
PORT 3
P3.0
P3.1
P3.2
P3.3
P3.4
P3.5
P3.6
P3.7
RXD
TXD
33PF
C5
Y1
CRYSTAL
33PF
C4
U2
AT89S51
10K
RN1
P0.0
P0.1
P0.2
P0.3
P0.4
P0.5
P0.6
P0.7
PORT 0
P2.7
P2.6
P2.5
P2.4
P2.3
P2.2
P2.1
P2.0
PORT 2
POWER SOURCE
+5V
GND
GND
+5V
MOTHER BOARD MODULE

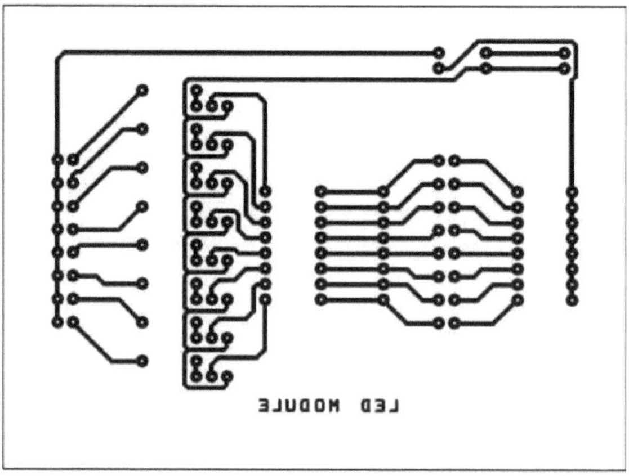

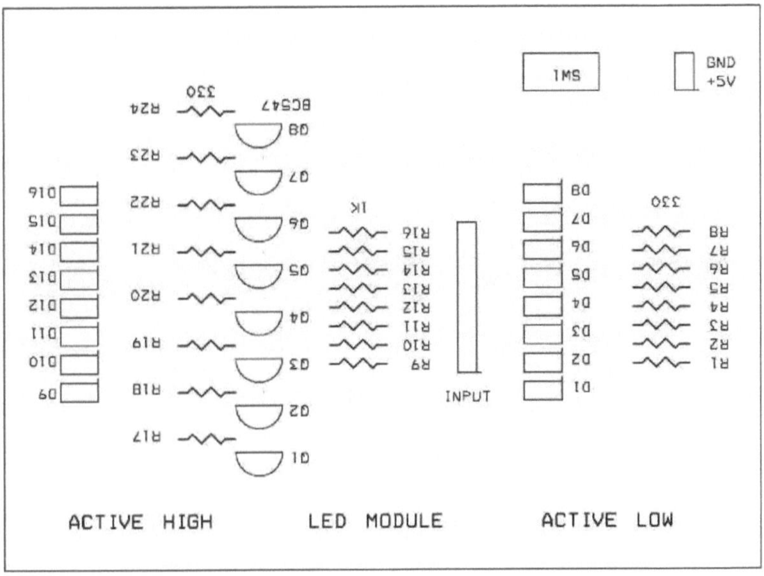
GND
+5V
INPUT
ACTIVE HIGH
LED MODULE
ACTIVE LOW

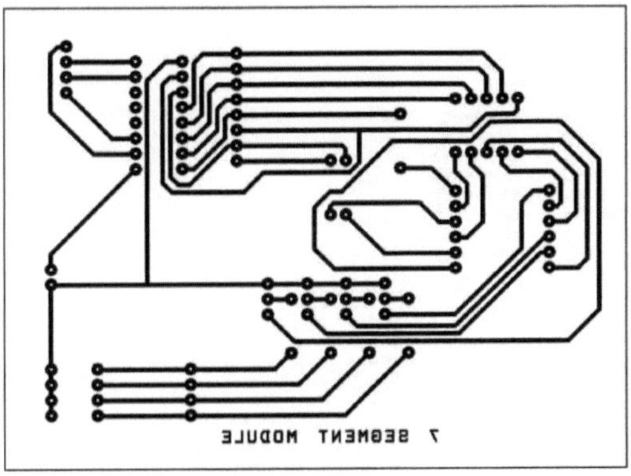

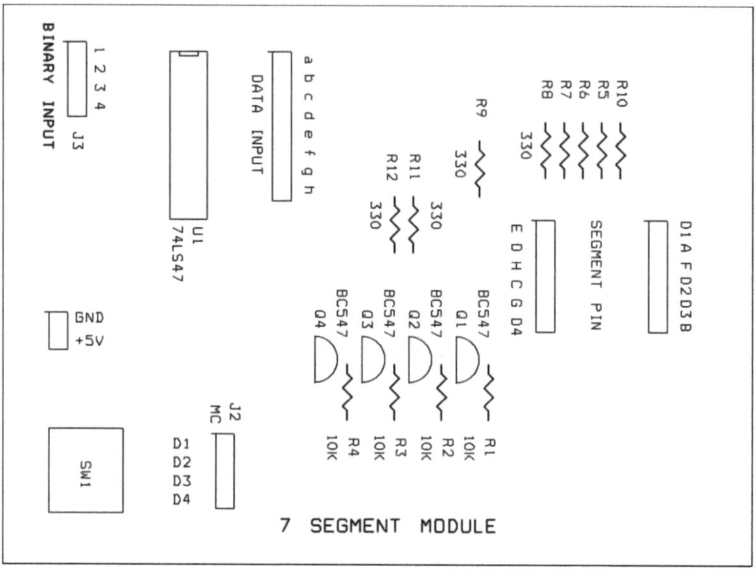
7 SEGMENT MODULE
BINARY INPUT
1 2 3 4
J3
DATA INPUT
a b c d e f g h
U1
74LS47
R10
R5
R6
R7
R8
330
R9
330
R11
R12
330
330
D1A F D2D3B
SEGMENT PIN
E D H C G D4
BC547
Q1
BC547
Q2
BC547
Q3
BC547
Q4
R1
10K
R2
10K
R3
10K
R4
10K
GND
+5V
J2
MC
D1
D2
D3
D4
SW1

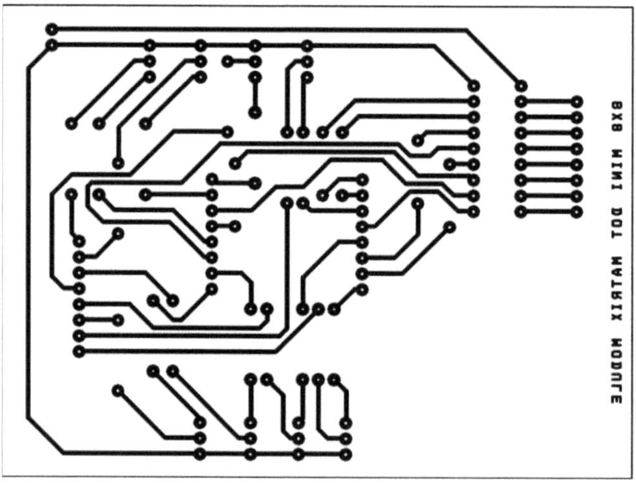

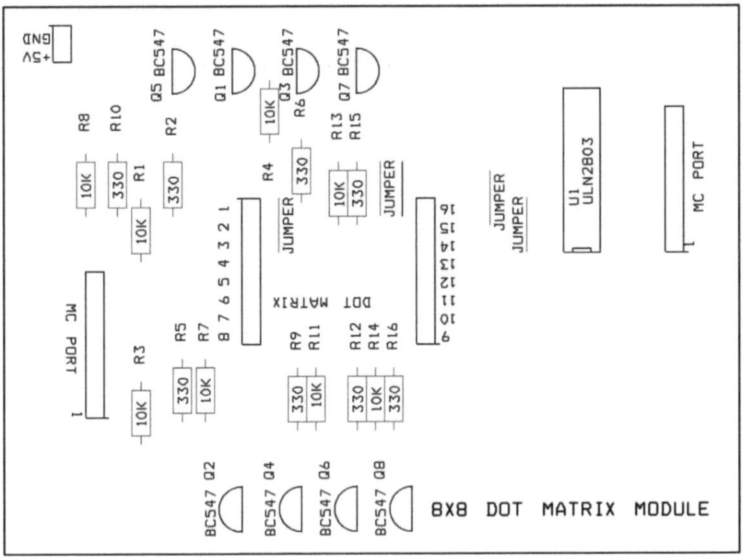
8X8 DOT MATRIX MODULE

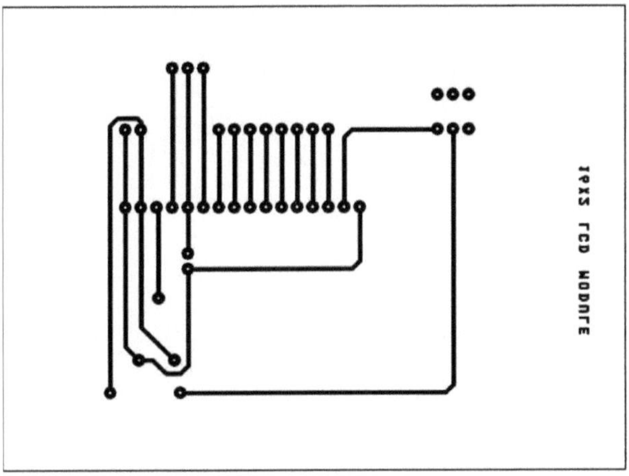

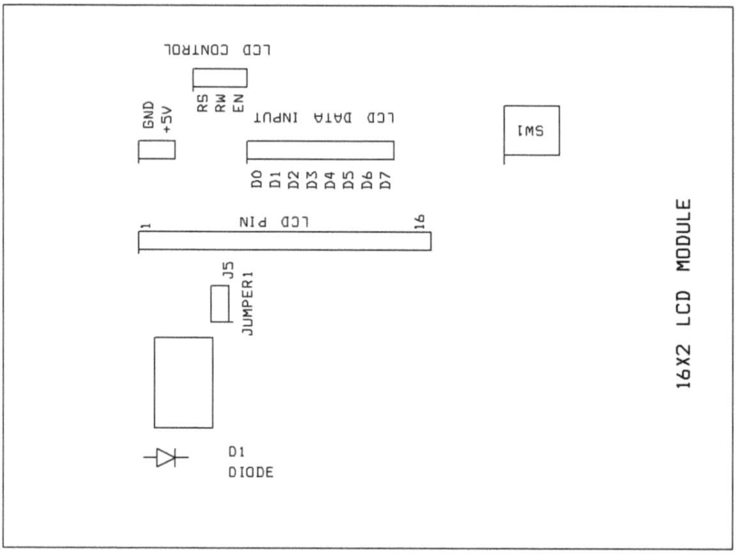
LCD CONTROL
GND
+5V
RS
RW
EN
LCD DATA INPUT
SW1
D0
D1
D2
D3
D4
D5
D6
D7
1
LCD PIN
16
16X2 LCD MODULE
J5
JUMPER1
D1
DIODE

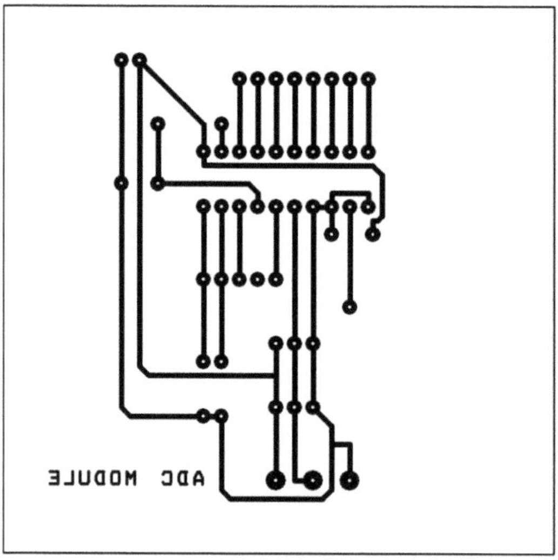
ADC MODULE

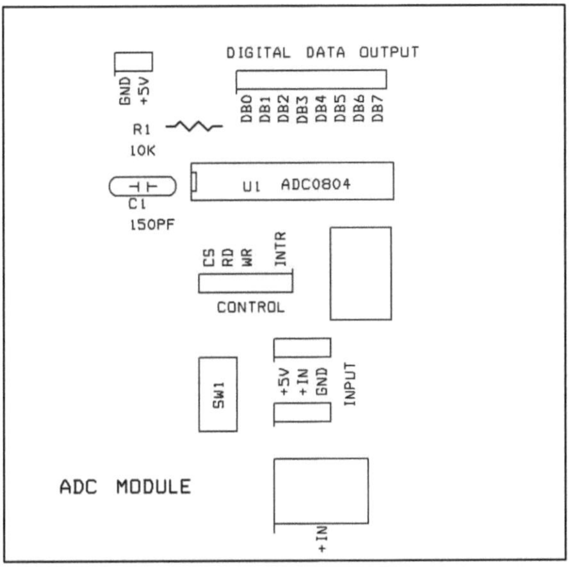
DIGITAL DATA OUTPUT
GND
+5V
DB0
DB1
DB2
DB3
DB4
DB5
DB6
DB7
R1
10K
U1 ADC0804
C1
150PF
CS
RD
WR
INTR
CONTROL
SW1
+5V
+IN
GND
INPUT
ADC MODULE
+IN

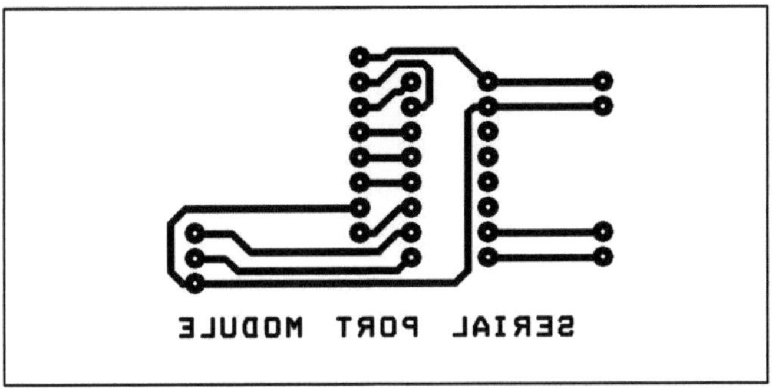
SERIAL PORT MODULE

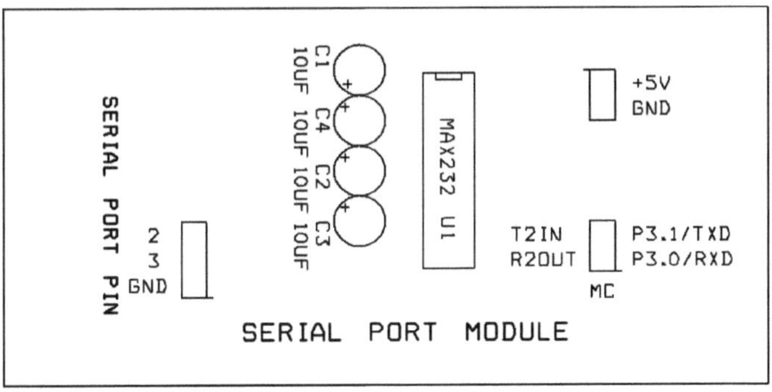
SERIAL PORT PIN
2
3
GND
C1
10UF
C4
10UF
C2
10UF
C3
10UF
MAX232 U1
+5V
GND
T2IN
R2OUT
P3.1/TXD
P3.0/RXD
MC
SERIAL PORT MODULE

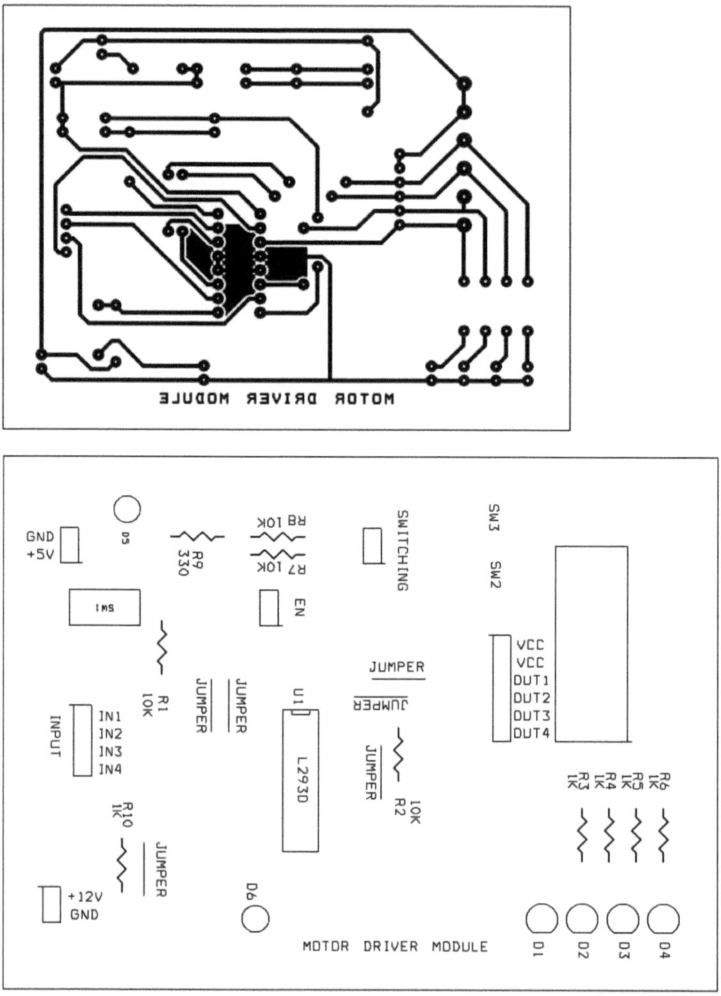

Figura 3-1. Desenho da placa de circuito impresso do módulo da placa-mãe

4.4 Protótipo do sistema

Figura 4-1. Protótipo do módulo da placa-mãe

Figura 4-2. Protótipo do módulo LED

Figura 4-3. Protótipo do módulo de 7 segmentos

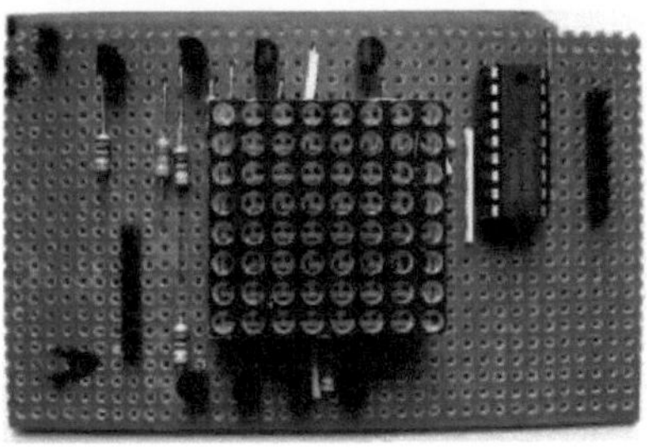

Figura 4-4. Protótipo do módulo de ecrã de matriz de pontos

Figura 4-5. Protótipo do módulo LCD 2X16

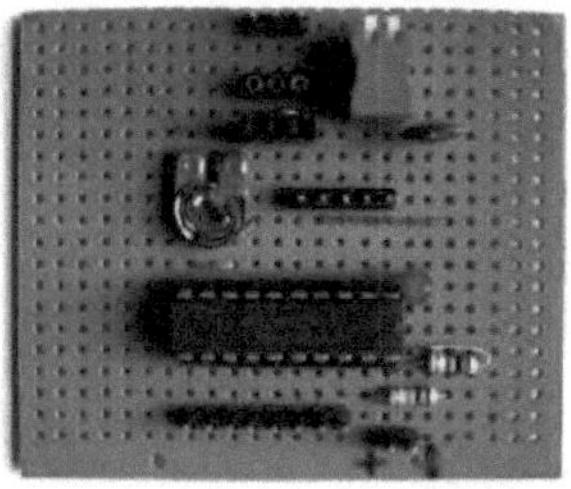

Figura 4-6. Protótipo do módulo ADC

Figura 4-7. Protótipo do módulo de porta série

Figura 4-8. Protótipo do módulo de acionamento do motor

4.5 A visão artística do sistema proposto

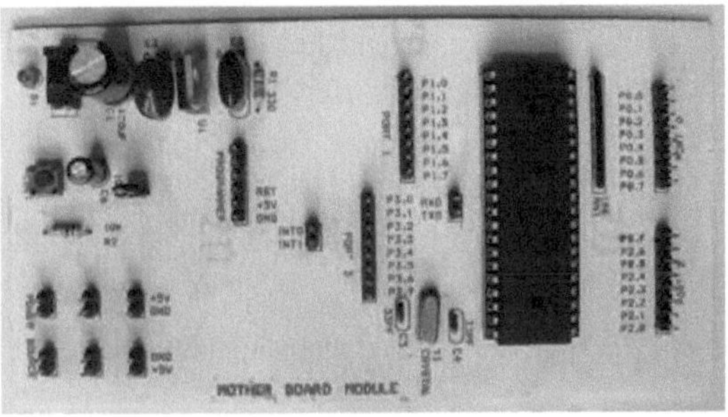

Figura 5-1. Módulo da placa-mãe

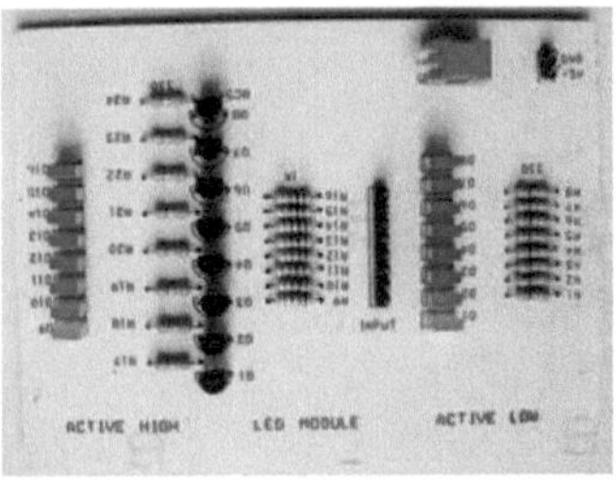

Figura 5-2. Módulo LED

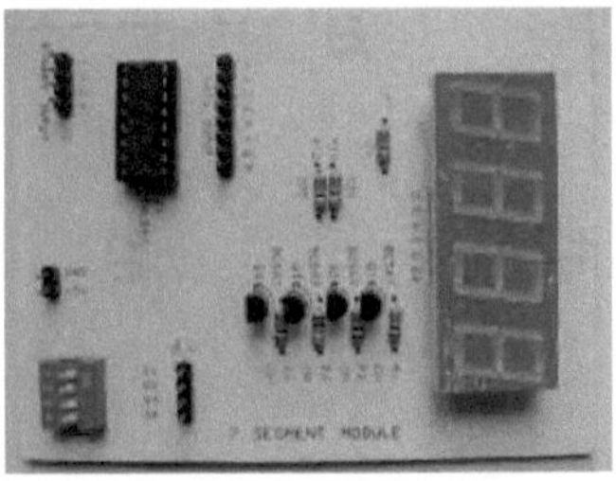

Figura 5-3. Módulo de 7 segmentos

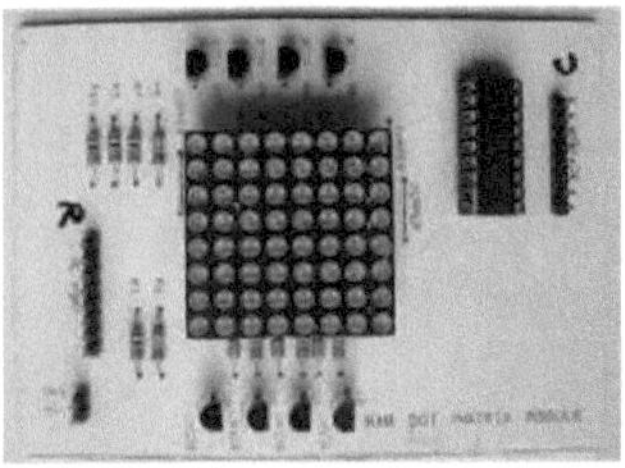

Figura 5-4. Módulo matricial de pontos 8X8

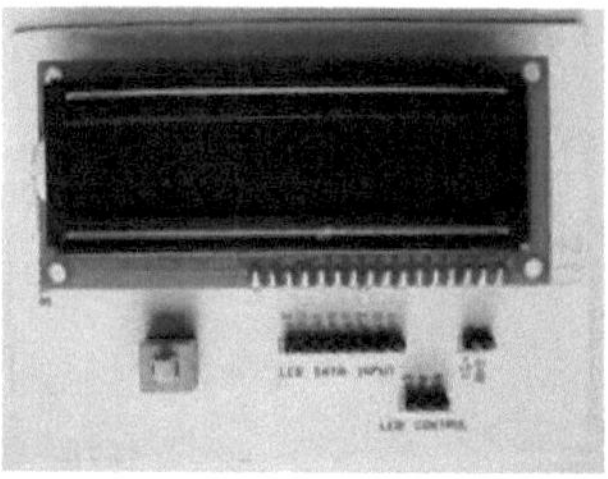

Figura 5-5. Módulo LCD 16X2

Figura 5-6. Módulo ADC

Figura 5-7. Módulo de porta série

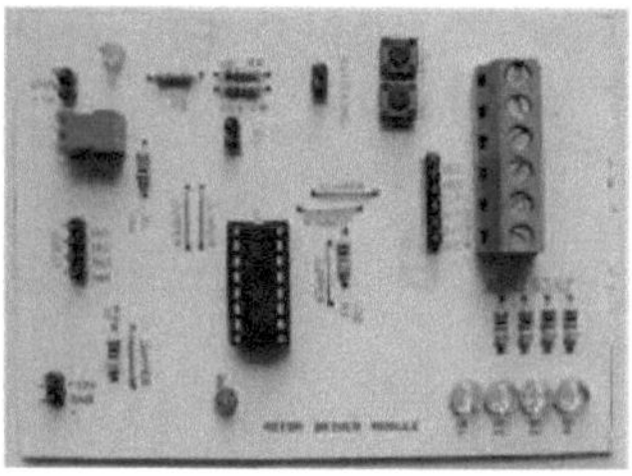

Figura 5-8. Módulo de acionamento do motor

Figura 5-9. Teclado

4.6 Interface da placa filha com a placa mãe e resultado da sua aplicação

Aplicação 1: Teste de módulos LED

Objeto:

Queremos ver o estado da porta do microcontrolador através do LED. Quando o valor do pino de uma porta é 1, o LED ativo alto correspondente acende, mas o LED ativo baixo correspondente acende. O estado do LED será alterado após algum tempo de acordo com o valor da porta P0 de 1 a 255.

Procedimento:

1. Gravamos o código HEX no microcontrolador.

2. Em seguida, ligamos a porta P0 do microcontrolador da placa-mãe à porta de entrada do módulo LED através do fio conetor.

3. Ligar

Resultado:

Na Fig. seguinte, podemos ver que os LEDs estão a acender-se periodicamente após algum atraso.

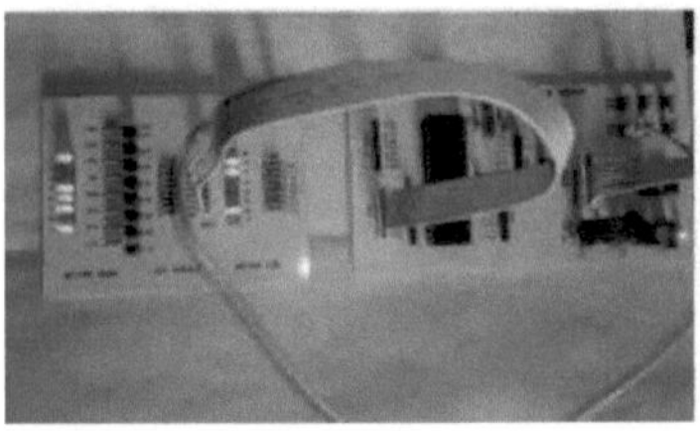

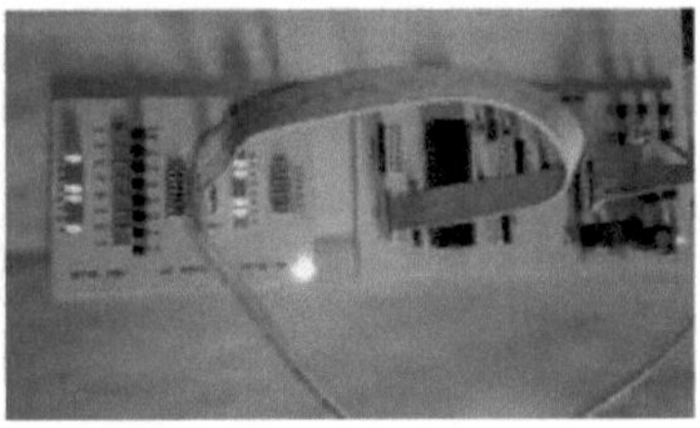

Aplicação 2: Teste do ecrã de sete segmentos

Objeto:

Queremos mostrar valores numéricos ao módulo de visualização de sete segmentos.

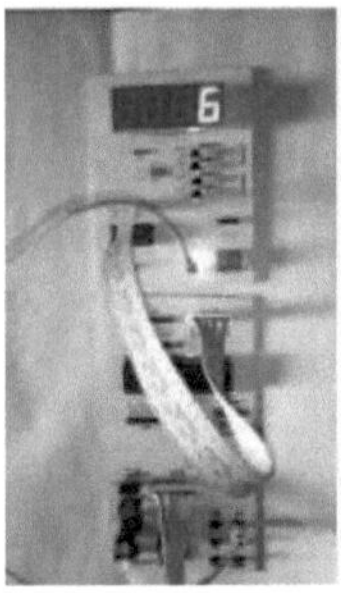

Aplicação 3: Ensaio de ecrãs de matriz de pontos

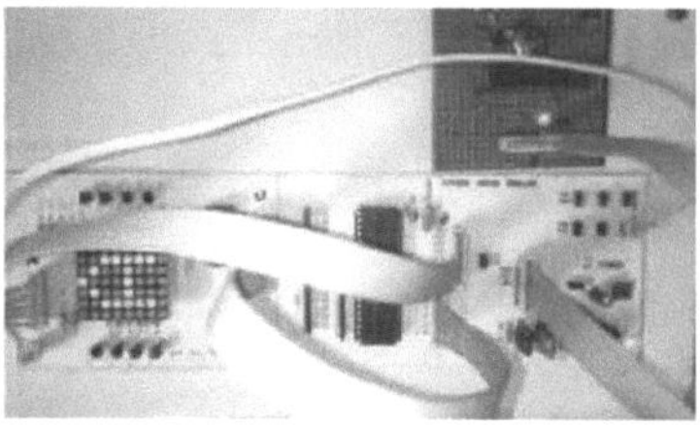

Aplicação 4: Interface do teclado com o teste do microcontrolador

Objeto:

Para visualizar os valores atribuídos pelo teclado ao módulo LCD

Procedimento:

1. Gravamos o código do Apêndice A no microcontrolador.
2. Ligar a porta do teclado à porta P0 da placa-mãe
3. Ligar a porta de entrada de dados do LCD à porta P2 da placa-mãe
4. Ligar os pinos RS e EN do LCD aos pinos P3.5 e P3.4 da placa-mãe, respetivamente.
5. Ligar

Resultado:

Na figura seguinte, podemos ver os dados no ecrã.

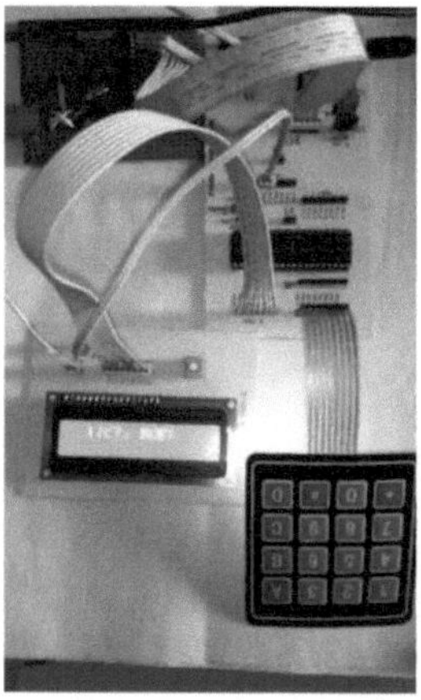

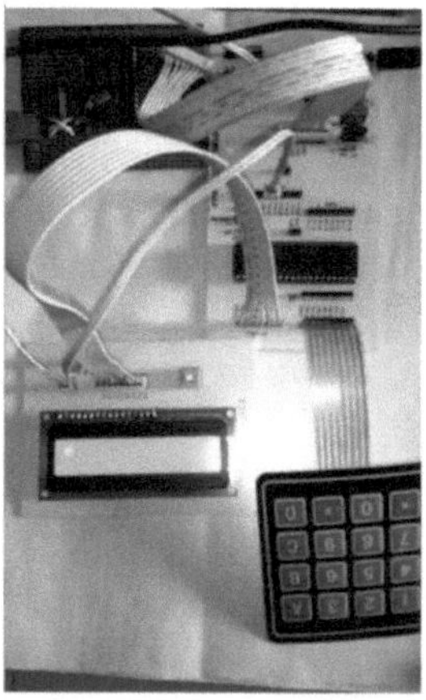

Aplicação 5: Interface do ADC com o teste do microcontrolador

Objeto:

Fornece tensão analógica ao ADC analógico

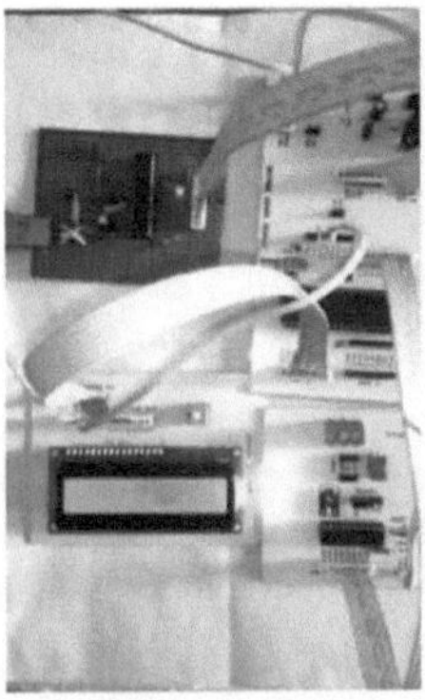
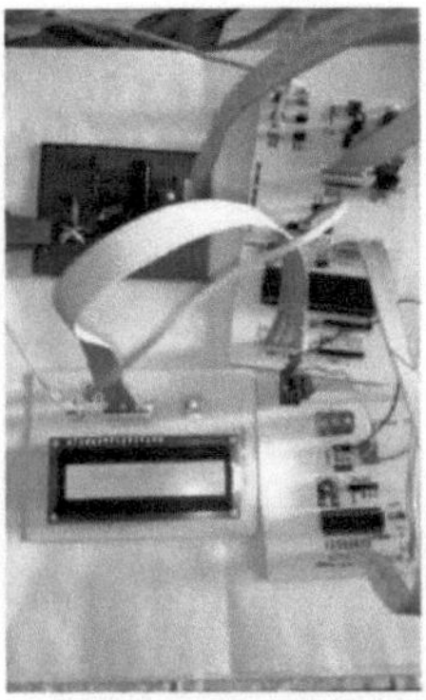
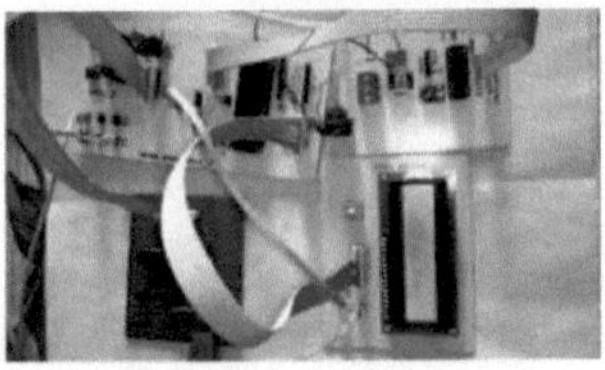
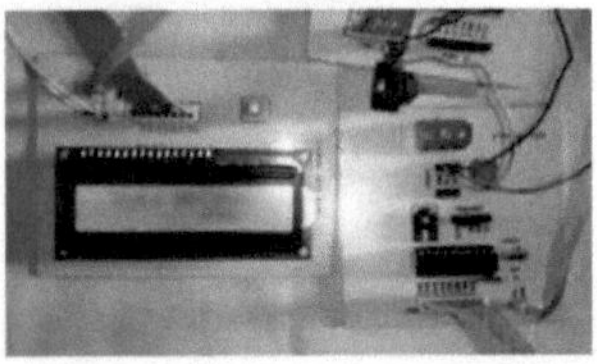
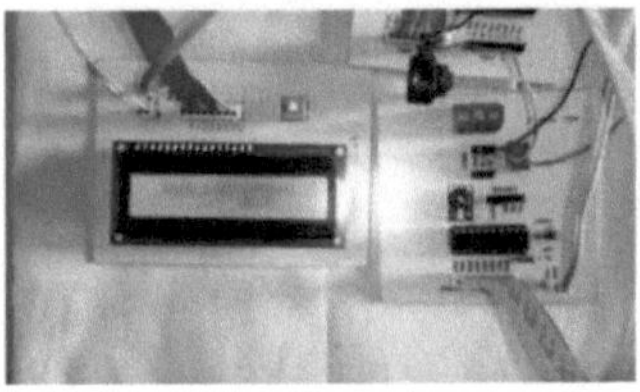

Aplicação 6: Comunicação em série

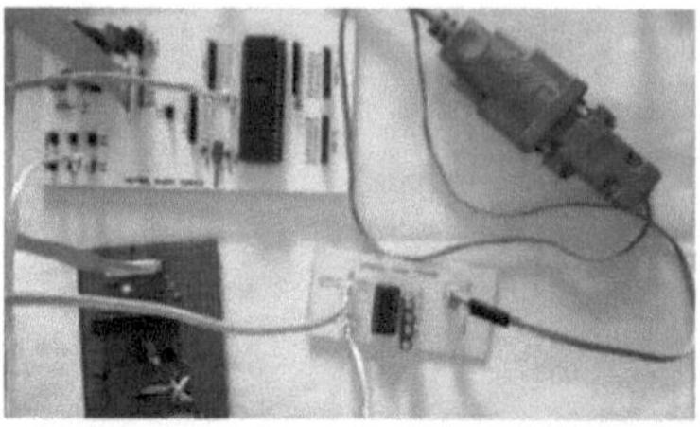

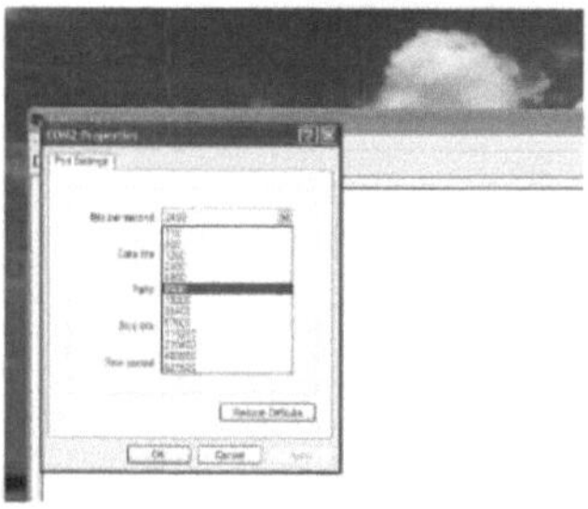

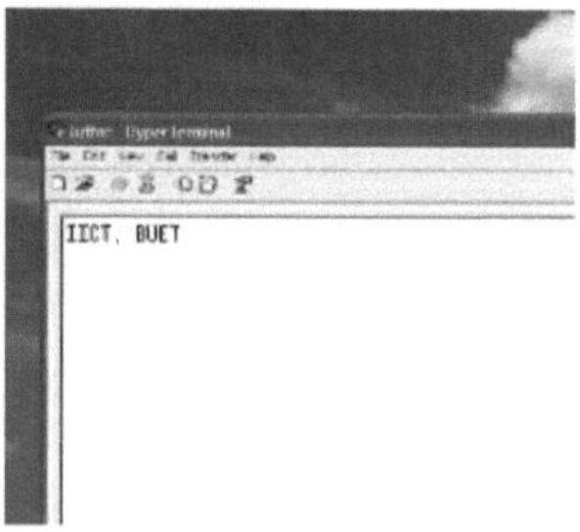

Aplicação 7: Ensaio de motores DC

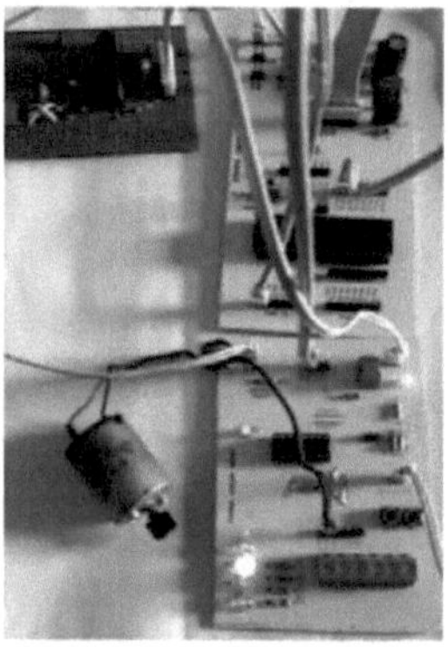

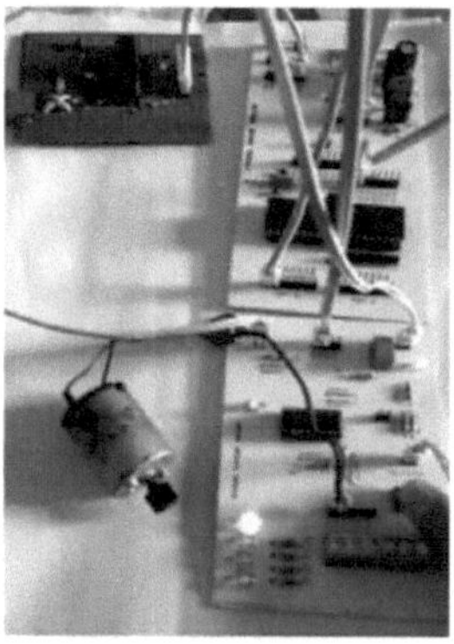

Aplicação 8: Motor passo a passo

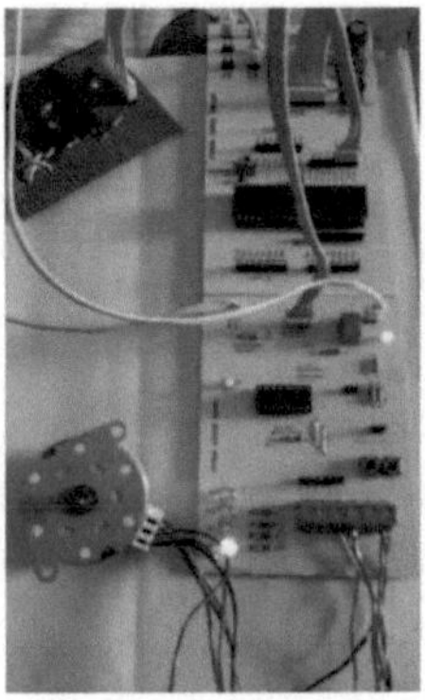

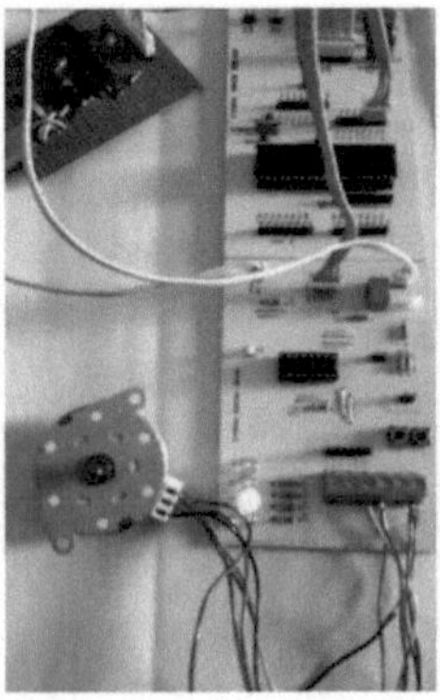

Capítulo 5

CONCLUSÃO

5.1 Conclusão

O conhecimento e a competência em tecnologia de microcontroladores são uma exigência nesta era. Para o efeito, é essencial dispor de uma ferramenta de formação adequada e acessível em matéria de programação de microcontroladores. O EduKit proposto será complementar do novo currículo de microcontroladores. Espera-se que a sua utilização sugerida neste projeto satisfaça as necessidades dos alunos da forma mais eficaz possível. O Edukit também pode ser utilizado como ferramenta de ensino para a aprendizagem à distância da programação de microcontroladores.

5.2 Trabalhos futuros

Referências

[1] Engineering Accredition Commission, Accreditation Board of Engineering and Technology, Inc., Criteria for Accrediting Programs in Engineering in the United States, pp, 11-12, 1996- 1997.

[2] Anon., http://www.abet.org/ Acedido em outubro de 2005

[3] E. Montanez, "Micro-controlador na educação: Embedded control- Everywhere and Everday, Proc. of American Society for Engineering Education Annual Conference & Exposition, 2005

[4] T.K. Hamariata e R.W. McClendon, "A New Approach for Teaching and Learning Micro-controller Courses", Int. Journal of Engg. Ed., Vol. 13 (4), pp. 269-274, 1997.

[5] Anon., http://www.futurlec.com/ . Acedido em outubro de 2005

[6] Anon., http://www.rentron.com/Myke3.htm . Acedido em outubro de 2005

[7] Sickle, *"ProgrammingMicro-controller in C",* Hightext, 1994.

Apêndice A

/* Code for LED Module testing */

```
org 00h
main: mov r0,#255
again: mov P0,r0
acall delay
djnz r0,again
sjmp main

delay:
mov r3,#20
out: mov r1,#0ffh
loop: mov r2, #0f0h
del: djnz r2,del
djnz r1,loop
djnz r3,out
ret
end
```

/* Code for Dot Matrix Module testing */

```
ORG  000H
START:
MOV  DPTR,#TABLE
MOV  R2, #01000000b
MOV  R1, #0
NEXT:
MOV  A, R1
MOVC  A, @A+DPTR
MOV  P3, A
MOV  A, R2
MOV  P1, A
CALL  DELAY
RR   A
MOV  R2, A
INC  R1
CJNE  R1, #5,NEXT
JMP     START
; -------------------------
; DELAY              0.1s
; ---------------------------
DELAY:
MOV  R6, #2
DL1:
MOV  R7, #249
DJNZ  R7,$
DJNZ  R6, DL1
RET
TABLE: DB   3EH, 48H, 88H, 48H, 3EH
END
```

```
/* Code for LCD Module testing  */


;the following experiment is used to scan
;keypad 4x4 and result of scan will be released
;to LCD Character
row1 bit P0.4
row2 bit P0.5
row3 bit P0.6
row4 bit P0.7
col1 bit P0.0
col2 bit P0.1
col3 bit P0.2
col4 bit P0.3
;
keybounc  equ 71h
keyport   equu P0


    org 00h

            call Init_lcd

;
write_char:
    mov dptr,#word1 ;DPTR = [ address word1 ]
    mov r3,#16      ;R3=16,number character to be display
    mov r1,#80h     ;R1=80h,address DDRAM start position
    acall Write_inst
;
write1:clr a        ; A = 0
    movc a,@a+dptr  ; A = [A+ DPTR]
    mov r1,A        ; R1 = A
    inc dptr        ; DPTR = DPTR +1
    acall Write_data;
    djnz r3,write1  ; R3 = R3-1,

;



Key_pad: call keypad4x4    ;calling subroutine keypad4x4
    Mov A,R7                            ;A = keydata
    Cjne A,#0FFh,WrLCD;
    sjmp Key_pad        ;LOOPING FOREVER PART 1
;
WrLCD: call Init_lcd
    Mov R1,#80h        ;Pick DDRAM 1st row and 1st col
    call write_inst
    Mov R1,A
    call write_data   ;write data
    Sjmp Key_pad        ;LOOPING FOREVER PART 2
;
Init_lcd:
   mov r1,#00000001b ;Display clear
   acall write_inst  ;
```

```
    mov r1,#00111000b ;Function set,
                ;Data 8 bit,2 line font 5x7
    acall write_inst  ;
    mov r1,#00001100b ;Display on,
                ;cursor off,cursor blink off
    acall write_inst
    mov r1,#00000110b ;Entry mode, Set increment
    acall write_inst
    ret
;
Write_inst:
    clr P3.5  ; RS = P2.0 = 0, write mode instruction
    mov P2,R1 ; D7 s/d D0 = P0 = R1
    setb P3.4 ; EN = 1 = P2.1
    call delay; call delay time
    clr P3.4  ; EN = 0 = P2.1
    ret
;
Write_data:
    setb P3.5 ; RS = P2.0 = 1, write mode data
    mov P2,R1 ; D7 s/d D0 = P0 = R1
    setb P3.4 ; EN = 1 = P2.1
    call delay; call delay time
    clr p3.4  ; EN = 0 = P2.1
    ret
;
delay: mov R0,#0
delay1:mov R2,#50
      djnz R2,$
      djnz R0,delay1
      ret
;
;=====================================
; subroutine scan keypad 4x4
;=====================================
Keypad4x4:
      mov keybounc,#50    ;keybounc = 50
      mov keyport,#0FFh   ;keyport=P3= FF, inut port
      clr col1            ;col1= P3.0 = 0
Detect:jb row1,key1       ;jump to Key1 if row1=1
      djnz keybounc,Detect
      mov R7,#'0';0h   ;Keydata =00h
      ret
;
key1: jb row2,key2        ;jump to key2 if row2=1
     djnz keybounc,key1
     mov R7,#'4';h     ;Keydata = 04h
     ret
;
key2: jb row3,key3        ; idem
     djnz keybounc,key2
     mov R7,#'8';08h
     ret
;
key3: jb row4,key4        ; idem
     djnz keybounc,key3
```

```
    mov R7,#'C';0Ch
    ret
;
key4: setb col1
    clr col2
    jb row1,key5
    djnz keybounc,key4
    mov R7,#'1';01h
    ret
;
key5: jb row2,key6
    djnz keybounc,key5
    mov R7,#'5';05h
    ret
;
key6: jb row3,key7
    djnz keybounc,key6
    mov R7,#'9';09h
    ret
;
key7: jb row4,key8
    djnz keybounc,key7
    mov R7,#'D';0Dh
    ret
;
key8: setb col2
    clr col3
    jb row1,key9
    djnz keybounc,key8
    mov R7,#'2';02h
    ret
;
key9: jb row2,keyA
    djnz keybounc,key9
    mov R7,#'6';06h
    ret
;
keyA: jb row3,keyB
    djnz keybounc,keyA
    mov R7,#'A';0Ah
    ret
;
keyB: jb row4,keyC
    djnz keybounc,keyB
    mov R7,#'E';0Eh
    ret
;
keyC: setb col3
    clr col4
    jb row1,keyD
    djnz keybounc,keyC
    mov R7,#'3';03h
    ret
;
keyD: jb row2,keyE
    djnz keybounc,keyD
```

```
    mov R7,#'7';07h
    ret
;
keyE: jb row3,keyF
    djnz keybounc,keyE
    mov R7,#'B';0Bh
    ret
;
keyF: jb row4,Nokey
    djnz keybounc,keyF
    mov R7,#'F';0Fh
    ret
Nokey:mov R7,#0FFh
    ret
;=================================
;The end of Keypad 4x4 subroutine
;=================================

word1: DB ' LUTFOR RAHMAN  '; here is the data to be look up
;
End
```

```
/*  Code for 4*4 Keypad module testing  */


;the following experiment is used to scan
;keypad 4x4 and result of scan will be released
;to LCD Character
row1 bit P0.4
row2 bit P0.5
row3 bit P0.6
row4 bit P0.7
col1 bit P0.0
col2 bit P0.1
col3 bit P0.2
col4 bit P0.3
;
keybounc  equ 71h
keyport   equu P0


     org 00h

          call Init_lcd

;
write_char:
     mov dptr,#word1 ;DPTR = [ address word1 ]
     mov r3,#16      ;R3=16,number character to be display
     mov r1,#80h     ;R1=80h,address DDRAM start position
     acall Write_inst
;
write1:clr a         ; A = 0
     movc a,@a+dptr  ; A = [A+ DPTR]
     mov r1,A        ; R1 = A
     inc dptr        ; DPTR = DPTR +1
     acall Write_data;
     djnz r3,write1  ; R3 = R3-1,

;


Key_pad: call keypad4x4    ;calling subroutine keypad4x4
     Mov A,R7                          ;A = keydata
     Cjne A,#0FFh,WrLCD;
     sjmp Key_pad        ;LOOPING FOREVER PART 1
;
WrLCD: call Init_lcd
     Mov R1,#80h       ;Pick DDRAM 1st row and 1st col
     call write_inst
     Mov R1,A
     call write_data   ;write data
     Sjmp Key_pad        ;LOOPING FOREVER PART 2
;
Init_lcd:
   mov r1,#00000001b ;Display clear
   acall write_inst  ;
```

```
    mov r1,#00111000b ;Function set,
                ;Data 8 bit,2 line font 5x7
    acall write_inst ;
    mov r1,#00001100b ;Display on,
                ;cursor off,cursor blink off
    acall write_inst
    mov r1,#00000110b ;Entry mode, Set increment
    acall write_inst
    ret
;
Write_inst:
    clr P3.5  ; RS = P2.0 = 0, write mode instruction
    mov P2,R1 ; D7 s/d D0 = P0 = R1
    setb P3.4 ; EN = 1 = P2.1
    call delay; call delay time
    clr P3.4  ; EN = 0 = P2.1
    ret
;
Write_data:
    setb P3.5 ; RS = P2.0 = 1, write mode data
    mov P2,R1 ; D7 s/d D0 = P0 = R1
    setb P3.4 ; EN = 1 = P2.1
    call delay; call delay time
    clr p3.4  ; EN = 0 = P2.1
    ret
;
delay: mov R0,#0
delay1:mov R2,#50
      djnz R2,$
      djnz R0,delay1
      ret
;
;=====================================
; subroutine scan keypad 4x4
;=====================================
Keypad4x4:
      mov keybounc,#50    ;keybounc = 50
      mov keyport,#0FFh   ;keyport=P3= FF, inut port
      clr col1            ;col1= P3.0 = 0
Detect:jb row1,key1       ;jump to Key1 if row1=1
      djnz keybounc,Detect
      mov R7,#'0';0h    ;Keydata =00h
      ret
;
key1: jb row2,key2        ;jump to key2 if row2=1
     djnz keybounc,key1
     mov R7,#'4';h     ;Keydata = 04h
     ret
;
key2: jb row3,key3        ; idem
     djnz keybounc,key2
     mov R7,#'8';08h
     ret
;
key3: jb row4,key4        ; idem
     djnz keybounc,key3
```

```
    mov R7,#'C';0Ch
    ret
;
key4: setb col1
    clr col2
    jb row1,key5
    djnz keybounc,key4
    mov R7,#'1';01h
    ret
;
key5: jb row2,key6
    djnz keybounc,key5
    mov R7,#'5';05h
    ret
;
key6: jb row3,key7
    djnz keybounc,key6
    mov R7,#'9';09h
    ret
;
key7: jb row4,key8
    djnz keybounc,key7
    mov R7,#'D';0Dh
    ret
;
key8: setb col2
    clr col3
    jb row1,key9
    djnz keybounc,key8
    mov R7,#'2';02h
    ret
;
key9: jb row2,keyA
    djnz keybounc,key9
    mov R7,#'6';06h
    ret
;
keyA: jb row3,keyB
    djnz keybounc,keyA
    mov R7,#'A';0Ah
    ret
;
keyB: jb row4,keyC
    djnz keybounc,keyB
    mov R7,#'E';0Eh
    ret
;
keyC: setb col3
    clr col4
    jb row1,keyD
    djnz keybounc,keyC
    mov R7,#'3';03h
    ret
;
keyD: jb row2,keyE
    djnz keybounc,keyD
```

```
    mov R7,#'7';07h
    ret
;
keyE: jb row3,keyF
    djnz keybounc,keyE
    mov R7,#'B';0Bh
    ret
;
keyF: jb row4,Nokey
    djnz keybounc,keyF
    mov R7,#'F';0Fh
    ret
Nokey:mov R7,#0FFh
    ret
;=================================
;The end of Keypad 4x4 subroutine
;=================================

word1: DB ' LUTFOR RAHMAN  '; here is the data to be look up
;
end
```

/* Code for 7 Segment display testing */

```
org 00h
mov p2,#00h
main:
mov r0,#10
mov dptr,#num
here: clr a
movc a,@a+dptr
mov p2,a
inc dptr
acall delay
acall delay
acall delay
djnz r0, here
sjmp main
delay:      mov r5,#0ffh
loop:     nop
          nop
          mov r4,#0ffh
          djnz r4,$
          nop
        djnz r5,loop
        ret
ORG 200H
num: DB 0C0h,0f9h,0A4h,0B0h,99h,92h,82h,0f8h,80h,90h
END
```

```
/* Dot Matrix Display Testing */

ORG 000H
START:
MOV DPTR,#TABLE
MOV R2, #01000000b
MOV R1, #0
NEXT:
MOV A, R1
MOVC A, @A+DPTR
MOV P3, A
MOV A, R2
MOV P1, A
CALL DELAY
RR A
MOV R2, A
INC R1
CJNE R1, #5,NEXT
JMP START
; ---------------------------
; DELAY 0.1s
; ---------------------------

DELAY:
MOV R6, #2
DL1:
MOV R7, #249
DJNZ R7,$
DJNZ R6, DL1
RET

TABLE: DB 3EH, 48H, 88H, 48H, 3EH

END
```

```
/* Keypad value show to the  LCD   */


;the following experiment is used to scan
;keypad 4x4 and result of scan will be released
;to LCD Character
row1 bit P0.4
row2 bit P0.5
row3 bit P0.6
row4 bit P0.7
col1 bit P0.0
col2 bit P0.1
col3 bit P0.2
col4 bit P0.3
;
keybounc  equ 71h
keyport   equ P0


      org 00h

               call Init_lcd

;
write_char:
      mov dptr,#word1 ;DPTR = [ address word1 ]
      mov r3,#16      ;R3=16,number character to be display
      mov r1,#80h     ;R1=80h,address DDRAM start position
      acall Write_inst
;
write1:clr a          ; A = 0
      movc a,@a+dptr  ; A = [A+ DPTR]
      mov r1,A        ; R1 = A
      inc dptr        ; DPTR = DPTR +1
      acall Write_data;
      djnz r3,write1  ; R3 = R3-1,

;



Key_pad: call keypad4x4    ;calling subroutine keypad4x4
      Mov A,R7                              ;A = keydata
      Cjne A,#0FFh,WrLCD;
      sjmp Key_pad        ;LOOPING FOREVER PART 1
;
WrLCD: call Init_lcd
      Mov R1,#80h       ;Pick DDRAM 1st row and 1st col
      call write_inst
      Mov R1,A
      call write_data   ;write data
      Sjmp Key_pad        ;LOOPING FOREVER PART 2
;
Init_lcd:
   mov r1,#00000001b ;Display clear
   acall write_inst  ;
```

```
   mov r1,#00111000b ;Function set,
                  ;Data 8 bit,2 line font 5x7
   acall write_inst  ;
   mov r1,#00001100b ;Display on,
                  ;cursor off,cursor blink off
   acall write_inst
   mov r1,#00000110b ;Entry mode, Set increment
   acall write_inst
   ret
;
Write_inst:
   clr P3.5  ; RS = P3.5 = 0, write mode instruction
   mov P2,R1 ; D7 s/d D0 = P2 = R1
   setb P3.4 ; EN = 1 = P3.4
   call delay; call delay time
   clr P3.4  ; EN = 0 = P3.4
   ret
;
Write_data:
   setb P3.5 ; RS = P3.5 = 1, write mode data
   mov P2,R1 ; D7 s/d D0 = P2 = R1
   setb P3.4 ; EN = 1 = P3.4
   call delay; call delay time
   clr p3.4  ; EN = 0 = P3.4
   ret
;
delay: mov R0,#0
delay1:mov R2,#50
     djnz R2,$
     djnz R0,delay1
     ret
;
;=====================================
; subroutine scan keypad 4x4
;=====================================
Keypad4x4:
     mov keybounc,#50    ;keybounc = 50
     mov keyport,#0FFh   ;keyport=P0= FF, input port
     clr col1            ;col1= P0.0 = 1
Detect:jb row1,key1       ;jump to Key1 if row1=1
     djnz keybounc,Detect
     mov R7,#'1';01h    ;Keydata =01h
     ret
;
key1: jb row2,key2         ;jump to key2 if row2=1
    djnz keybounc,key1
    mov R7,#'2';02h     ;Keydata = 02h
    ret
;
key2: jb row3,key3         ; idem
    djnz keybounc,key2
    mov R7,#'3';03h
    ret
;
key3: jb row4,key4         ; idem
    djnz keybounc,key3
```

```
        mov R7,#'A';0Ah
        ret
;
key4: setb col1
        clr col2
        jb row1,key5
        djnz keybounc,key4
        mov R7,#'4';04h
        ret
;
key5: jb row2,key6
        djnz keybounc,key5
        mov R7,#'5';05h
        ret
;
key6: jb row3,key7
        djnz keybounc,key6
        mov R7,#'6';06h
        ret
;
key7: jb row4,key8
        djnz keybounc,key7
        mov R7,#'B';0Bh
        ret
;
key8: setb col2
        clr col3
        jb row1,key9
        djnz keybounc,key8
        mov R7,#'7';07h
        ret
;
key9: jb row2,key10
        djnz keybounc,key9
        mov R7,#'8';08h
        ret
;
key10: jb row3,key11
        djnz keybounc,key10
        mov R7,#'9';09h
        ret
;
key11: jb row4,key13
        djnz keybounc,key11
        mov R7,#'C';0Ch
        ret
;
key13: setb col3
        clr col4
        jb row1,key14
        djnz keybounc,key13
        mov R7,#'*';
        ret
;
key14: jb row2,key15
        djnz keybounc,key14
```

```
    mov R7,#'0';00h
    ret
;
key15: jb row3,key16
    djnz keybounc,key15
    mov R7,#'#';
    ret
;
key16: jb row4,Nokey
    djnz keybounc,key16
    mov R7,#'D';0Dh
    ret
Nokey:mov R7,#0FFh
    ret
;=================================
;The end of Keypad 4x4 subroutine
;=================================

word1: DB '  IICT, BUET   '; here is the data to be look up
;
End
```

```
/*  ADC testing  */


hundreds equ 30h
tens     equ 31h
ones     equ 32h

      org 00h
              mov P1,#0ffh
      call init_LCD
start:
      call ADC
      call Bin2Dec
              call write_char
      call Write2LCD
      sjmp start
;
;==================================================
;this subroutine is used to take data from ADC and
;keep to Accumulator
;==================================================
ADC:   mov A,P1
      nop
      nop
      ret
;
;=========================================================
;this subroutine is used print out data decimal to LCD
;character 2 x16 on address DDRAM 0C9 0CA 0CB each for
;hundreds, tens, and ones
;=========================================================
Write2LCD:
      mov r1,#0c9h
      call write_inst
      mov a,hundreds
      add a,#30h
      mov r1,a
      call write_data
;
      mov r1,#0cah
      call write_inst
      mov a,tens
      add a,#30h
      mov r1,a
      call write_data
;
      mov r1,#0cbh
      call write_inst
      mov a,ones
      add a,#30h
      mov r1,a
      call write_data
      ret
;
;=========================================================
;this subroutine is used to convert binary data from ADC
```

```
;become decimal 3 digit
;===========================================================
Bin2Dec:
      mov b,#100d
      div ab
      mov hundreds,a
      mov a,b
      mov b,#10d
      div ab
      mov tens,a
      mov ones,b
      ret
;
write_char:
      mov dptr,#word1 ;DPTR = [ address word1 ]
      mov r3,#16     ;R3=16,number character to be display
      mov r1,#80h    ;R1=80h,address DDRAM start position
      acall write_inst
;
write1:clr a          ; A = 0
      movc a,@a+dptr  ; A = [A+ DPTR]
      mov r1,A       ; R1 = A
      inc dptr       ; DPTR = DPTR +1
      acall write_data;
      djnz r3,write1  ; R3 = R3-1,
      ret
;
init_LCD:
   mov r1,#00000001b ;Display clear
   acall write_inst  ;
   mov r1,#00111000b ;Function set,
                ;Data 8 bit,2 line font 5x7
   acall write_inst  ;
   mov r1,#00001100b ;Display on,
                ;cursor off,cursor blink off
   acall write_inst
   mov r1,#00000110b ;Entry mode, Set increment
   acall write_inst
   ret
;
write_inst:
   clr P3.5  ; RS = P3.5 = 0, write mode instruction
   mov P2,R1 ; D7 s/d D0 = P2 = R1
   setb P3.4 ; EN = 1 = P3.4
   call delay; call delay time
   clr P3.4  ; EN = 0 = P3.4
   ret
;
write_data:
   setb P3.5 ; RS = P3.5 = 1, write mode data
   mov P2,R1 ; D7 s/d D0 = P2 = R1
   setb P3.4 ; EN = 1 = P3.4
   call delay; call delay time
   clr p3.4  ; EN = 0 = P3.4
   ret
```

```
delay: mov R0,#0
delay1:mov R2,#0fh
      djnz R2,$
      djnz R0,delay1
      ret
word1: DB '  Data ADC0804  '
end

/*  Serila communition */


org 00h
       mov TMOD,#20h
       mov TH1,#-3
       mov SCON,#50h


       setb tr1

        mov dptr,#msg
line:
clr a
movc a,@a+dptr
jz final2
lcall tran
sjmp line

final2:          sjmp $



tran:
mov SBUF,a

              JNB TI,$
              CLR TI
              inc dptr
              ret

org 23h
msg:
db " IICT, BUET ",0



end
```

/* DC motor testing using Motor Module */

```
org 00h
setb p1.7 ;sw
again: jb p1.7, over ;jump if p1.7=1
setb p2.0
clr p2.1 ; sw=0
sjmp again ;keep monitoring
over: clr p2.0
        setb p2.1
        sjmp again ; keep monitoring
        end
```

/* Dot Matrix */

```
ORG   000H
START:
MOV  DPTR,#TABLE
MOV  R2, #01000000b
MOV  R1, #0
NEXT:
MOV  A, R1
MOVC  A, @A+DPTR
MOV  P3, A
MOV  A, R2
MOV  P1, A
CALL  DELAY
RR   A
MOV  R2, A
INC  R1
CJNE  R1, #5,NEXT
JMP     START
; ---------------------------
; DELAY              0.1s
; -----------------------------

DELAY:
MOV  R6, #2
DL1:
MOV  R7, #249
DJNZ  R7,$
DJNZ  R6, DL1
RET

TABLE: DB  3EH, 48H, 88H, 48H, 3EH

END
```

```
/* Stepper motor testing  */


org 0H

stepper equ P1

main:
	mov stepper, #01H
	acall delay

	mov stepper, #02H
	acall delay

	sjmp main

delay:
	mov r7,#4
wait2:
	mov r6,#066H
wait1:
	mov r5,#0FFH
wait:
	djnz r5,wait
	djnz r6,wait1
	djnz r7,wait2
	ret
	end
```

MIX
Papier aus verantwortungsvollen Quellen
Paper from responsible sources
FSC® C105338

Printed by Books on Demand GmbH, Norderstedt / Germany